和孩子约法三章：使用手机的规则

[日] 石田胜纪 著

朱佳琳 译

机械工业出版社
CHINA MACHINE PRESS

什么时候该给孩子买一部手机？

手机该怎么买，怎么送，怎么用，怎么玩……

这些问题，孩子和父母都没有认真思考过，只是随着时间的溜走，匆匆忙忙之间就完成了这些"人生大事"。

等到孩子沉迷游戏、视频、社交等令大人都眼花缭乱的"快乐"无法自拔时，孩子和父母的冲突也渐渐多了起来，父母指责孩子只知道玩手机，孩子控诉父母不给自己空间……

手机，本是人与人之间沟通的绝佳桥梁，却让孩子和父母变成了各自的孤岛。

"亡羊而补牢，未为迟也。"本书旨在帮助父母和孩子重新思考手机在亲子沟通中的作用，甚至能化腐朽为神奇，孩子用好手机的同时还能取得好成绩。

子どものスマホ問題はルール決めで解決します
Copyright © Katsunori Ishida 2022
Originally published in Japan by Shufunotomo Co., Ltd
Translation rights arranged with Shufunotomo Co., Ltd.
Through Shinwon Agency Co.

北京市版权局著作权合同登记　图字 01-2022-6471 号。

图书在版编目（CIP）数据

和孩子约法三章：使用手机的规则 /（日）石田胜纪著；朱佳琳译 . —北京：机械工业出版社，2023.8

ISBN 978-7-111-73623-3

Ⅰ.①和…　Ⅱ.①石…②朱…　Ⅲ.①移动电话机 – 影响 – 青少年教育 – 家庭教育　Ⅳ.① G782

中国国家版本馆 CIP 数据核字（2023）第 146593 号

机械工业出版社（北京市百万庄大街 22 号　邮政编码 100037）
策划编辑：张潇杰　　　　　　　责任编辑：张潇杰
责任校对：张爱妮　王　延　　　责任印制：张　博
保定市中画美凯印刷有限公司印刷
2023 年 11 月第 1 版第 1 次印刷
128mm×182mm · 6.75 印张 · 97 千字
标准书号：ISBN 978-7-111-73623-3
定价：49.80 元

电话服务	网络服务
客服电话：010-88361066	机　工　官　网：www.cmpbook.com
010-88379833	机　工　官　博：weibo.com/cmp1952
010-68326294	金　　书　　网：www.golden-book.com
封底无防伪标均为盗版	机工教育服务网：www.cmpedu.com

序　　手机给生活带来了困扰

什么时候才肯让我用手机啊？

呐！

小悟（化名）
上公立中学初中一年级的男孩子

班里除了我就只剩2位同学没有手机了！

欸

哼

这样吗？

来了……又是这个话题

爸爸47岁在制造公司工作

妈妈45岁在附近的超市打工

现在社团活动都用×信联系了，因为我只用电子邮件，就经常被大家遗忘，收不到消息！

又会给大家添麻烦，我自己也很尴尬！！

呼

我知道了……

啪

小悟

其实我昨天刚跟妈妈聊过这件事，
我们也觉得差不多该让你用手机了
爸比～
哇啊啊啊……
太好了！
但是！
你只有遵守接下来的4条规定，才能使用手机哦！
咔
咔
能遵守吗？
我能！
我能！
好
好
冷静点!!
听妈妈说
首先第一条！
手机只能用到晚上10点！
10
到10点为止！
第二条！
游戏一天只能玩1个小时！
GAME
1小时

序　手机给生活带来了困扰　V

都已经过10点了，还在玩手机！
等一下！现在关掉的话，我就变成消息已读不回的人了！
焦躁
焦躁
规定就是规定！明天到学校再聊！
就一小会儿了！就让我回完这一条信息吧！
中途不回消息的话，对方会觉得不舒服的啊~
吵闹
不想和朋友的关系变得尴尬~
那赶紧结束！
吵闹
结果聊天结束时已经将近11点了
和说好的
不一样！
抱歉！我今后会注意的！
明天开始要好好遵守！
算了，第一天，也没办法……

然而在此之后，约定又被打破了好几次

焦躁焦躁

又在玩手机……

正在和朋友玩网络游戏中

啊哈哈哈

够了！又超过10点了！

可是！我现在不能退出游戏！

真是好烦

不是都说好了吗！现在马上关掉！

真是的~都被朋友听到声音了！

啊……

哎呀不好……

于是，果然又没有遵守约定

啊抱歉 刚有点事……

接下来从哪开始来着？

真是的

嘭

序　手机给生活带来了困扰　VII

那之后也
10:00 PM 2022
拜托！
补习班10点才结束，所以给我延长点时间吧！
拜托让我用到12点嘛
朋友有重要的事找我商量……
类似这样，总会找出各种各样的理由来要求延长时间
我帮朋友拍了讲义，现在发给他，要超时一小会儿！
我可是在帮助别人，这应该不算数吧！？
然而……
啾
啾
小悟！
我的朋友和树现在特别烦恼！
妈妈你也应该知道和树吧！
总是拿朋友当借口，我也说不出口气强硬的话……
呃

序　手机给生活带来了困扰　IX

不要边吃饭边看视频！
欸~不是跟看电视一样的吗？……
吃饭也看手机
别在厕所看手机了
嘭！嘭！
快点出来！
上厕所也看手机
总之不管何时何地
回到家就开始看手机
洗澡也看手机
防水用的
只要一得空就是
手机！手机！手机！
然后最重要的是……
啊 试卷发下来了？
嗡……
这是……
翻
动

序 手机给生活带来了困扰

一说到手机的问题
我又不是一整天都在玩
气氛就变得剑拔弩张起来
这种事不用你多说我也知道！
我自己能把握好度的！
哪里有！
爸爸也是
算了，随他去吧！
他以后怎么样是他自己的事
真是的！爸爸完全事不关己
……
我之前还一直盼着儿子能自己注意到……
握紧
事态越来越严重，不由自主地就说了重话
你差不多够了！别玩了！
亲子关系越来越差……
嘭
焦躁
哦
早知道这样，当初就不该给他手机……？
苦闷
我到底该怎么办啊？
啊

前 言

平成元年（1989年），20岁的我开设了一家补习班。此后34年里，我一直从事着教育孩子的工作。

平成初期，手机还没有普及，我记得当时初高中生都流行使用传呼机。随后，因为小灵通卖得格外便宜，甚至有的免费就能入手，人气一下子暴涨，好多孩子都用上了这款机子。

当时，我和补习班的孩子家长面谈，没有听到过"孩子因为一个劲地玩手机和游戏变得不学习"的说法。相比手机和游戏，家长反而提到了"孩子一个劲地看电视和漫画"。因此，<u>不管时代怎么变化，家长担心孩子不学习这一点是不会改变的。不过是"一个劲地××而变得不学习"的××部分随着时代的变化而变化罢了。</u>

然而，由于这10年里科技的巨大进步，智能手机诞生了，游戏也发展到了一定高度。正如大家所看到的，我们的工作、生活以及学习的方式也都改变了很多。现在，不光是孩子，连大人也对手机和游戏无法自拔，它们已经成了我们生活的一部分。

智能手机的高普及率就不用多说了，日本拥有游戏机的人数竟也有约 5000 万人，相当于每个家庭都有一台游戏机。如果再加上使用智能手机玩游戏的人群，这个数目会更加庞大。面对近年来日新月异的变化，孩子们度过课余时间的方式当然也会随之发生改变。

我从 2016 年开始，每年都在咖啡馆和 Zoom[①] 上举办一百多场 Mama Café 的活动。Mama Café 是以妈妈为对象，以育儿、教育为主题的小型学习会。6 年里，我给近 1 万名妈妈提供了咨询服务。其中，<u>**交流最多的就是"我家孩子不学习"的问题。我知道这背后基本上都跟"智能手机和游戏"密切相关。**</u>

在咨询过程中，我都会围绕针对不同孩子的具体应对方法和家庭中的规则制定方法提供建议。但一直到现在，这类咨询也从没断绝过，反而每年都在不断增加。

---

① 一款多人手机云视频会议软件，功能类似国内的腾讯会议。——译者注

因此，我通过社交网络，做了一次关于手机、游戏的大规模问卷调查。相关的调查结果，我会在本书中提及，但与此同时，我也有一些比较意外的发现。

比如，不管是否处于沉迷游戏的状态，孩子的学习能力并没有发生变化。再比如，有的案例，烦恼的本质并不是手机和游戏，而是父母不知如何处理自己的情绪。甚至在特定情况下，还有孩子用上手机之后，反而提高了成绩，也增加了对学习的兴趣和注意力这种案例。

然而，这并不是说，一味沉迷手机和游戏就是好事。根据WHO（世界卫生组织）对游戏上瘾的最新规定，它也有被认定成一种病症的可能性。这并不是父母的错，也不是孩子的错。**问题出在导致上瘾的机制中。**

实际上，**对这些受理过的咨询，我有一个共同感受——"'家庭中手机规则制定'的'机制'实在是太草率了"**。不过，草率也在情理之中。因为家长没有学过规则该怎么制定，而且学校方面也并没有提供过具体的指导。所以，大家草草地定好规则就一切万事大吉了。这样带来的结果就是，孩子不按照规则行事，家中还会发生争吵。

于是,我决定出版一本只与手机、游戏相关的书。这本书并不是单纯提倡应该对手机、游戏予以限制,或罗列其相关问题,也会讲到手机和游戏的优点。另外,书中还增加了"对很多人都关心的实际烦恼给出建议"这一内容。

我认为,关于手机和游戏,只是采取指南式的应对方法是不会起作用的。重点在于我们如何捕捉并应对孩子的内心感受和情绪,这里面"微妙的情绪变化"最为重要。

本书如果能为你的家庭教育方式提供一点点帮助的话,那真是再荣幸不过的事了。

石田胜纪

目 录

序
前言

1 关于搞错**给孩子手机的时机**而后悔的话题 / 1

① 手机给太早了吗

孩子从早到晚都沉迷手机。是不是应该等稍微大一点再给比较好呢 / 2

- 从拥有手机的那天起就不分昼夜一直玩 / 3
- 拥有手机的时间由孩子决定 / 5
- 不应该把手机作为奖励买给孩子 / 8
- 制定详细的规则,而不是严格的规则 / 10

② 手机给太晚了吗

"对小学生来说还太早!"抱着这种想法不给手机,会让孩子脱离朋友的社交圈 / 15

- 是否依赖手机跟拥有手机的时间无关 / 16
- 是随大流,还是贯彻自己家的方针 / 19
- 贯彻"不行就是不行"会让亲子都倍感压力 / 21

总结 给孩子手机的时间点并没有正确答案 / 27

专栏1 上中学之后拥有手机的孩子变多了,不光是"时机恰当",令人意外的理由是什么 / 31

② 关于孩子拥有了手机**就变得不学习**的话题 / 35

因为沉迷手机，成绩倒数，退出社团活动。父母对孩子的将来感到很不安 / 36

一个劲玩手机不学习

- "孩子不学习"是 100 年前就有的抱怨 / 37
- 数据可以证明手机和学习能力没有关系 / 38
- 考试取得好成绩的唯一方法 / 42
- 一边说"是你的自由"一边却不给自由，父母的这种态度才是问题 / 44

总结 不管有没有手机，不学习的孩子始终是不学 / 48

专栏 2 "花时间埋头苦学"已经过时？！网络原住民们的学习术 / 52

③ 关于**规则制定失败**而使孩子变得沉迷手机的话题 / 55

没定好规则就给手机的话，孩子会日夜颠倒地沉迷其中 / 56

① 没定好规则

- 孩子不会在常识范围内使用手机 / 57
- 规则制定失败是因为父母老是高高在上 / 59
- 孩子打破定好的规则的理由 / 62
- 如果不顺利也可以改变规则 / 65

- 制定规则能锻炼孩子的大脑 / 69
- **注意** 7条石田式的规则制定法 / 75

② 违反规则

77
规则定好了也遵守不了，一说要遵守，孩子就不乐意了
- 在说"不行就是不行"之前，请先等等 / 78
- 同意孩子想要每天玩10小时游戏的愿望 / 80

③ 惩罚实施不了

85
孩子就算打破规则，也没办法实施定好的惩罚
- 不实施惩罚＝由父母一方打破了约定 / 86
- 只因为一次违规停车就吊销驾照 / 88
- 通过有丰富人生经验的成年人的想法来掌控孩子 / 92

④ 过滤功能起不了作用

96
孩子擅自把过滤功能无效化，学校发的平板又不能设限制，我感觉很焦虑
- 父母定好的密码是这样被看破的 / 97
- 学校给的平板要在父母所在的客厅使用 / 99

- **经验谈** 使用石田式的规则制定法之后孩子有了变化！能够自己思考手机的使用方法了 / 104

总结 规则的制定和运用才是回避纷争的重中之重 / 108

专栏3 "怎么不遵守规则！"这样生气的父母只是在唱独角戏 / 113

4 关于沉迷**网络游戏**的话题 117

① 无法停止玩游戏

不遵守 1 天玩 1 小时的规定，该吃饭了也不停止玩游戏 118

- 父母太不了解游戏了 / 119
- 游戏会给大脑带来不好的影响吗 / 121
- "先做该做的事"真的是正确的吗 / 122
- 连续 7 小时玩游戏这一提案 / 126

② 在游戏里骂人

孩子在战斗游戏里不断地喊"去死""杀掉"……作为家长实在听不了这些谩骂之词，对游戏的内容也很担心 131

- 孩子的世界在很久以前就充满了"去死""杀掉"/ 132
- 有没有无视过孩子积极的话语呢 / 135

③ 氪金问题

孩子偷拿父母的钱，在游戏里疯狂氪金，我被事情的严重性强烈打击到了 138

- 什么样的孩子会背着父母氪金 / 139
- 使用零花钱氪金是不可以的吗 / 141

总结 "游戏 = 给孩子不好的影响"，请质疑这种先入为主的观念 / 145

专栏 4 让孩子们着迷的网络游戏，父母也应该事先了解一下大致的特点 / 149

5　关于使用**社交 App** 而产生麻烦的话题 / 153

> 孩子在群聊里被恶意散播谣言，导致朋友不相信他，令他深受伤害 154

用手机欺负人

- 需要父母介入的网络欺凌的前兆是什么 / 155
- 让欺凌无所遁形的闲聊技能 / 159
- 也有告知学校后导致事态恶化的情况 / 164
- 班主任靠不住的时候，父母该怎么办 / 166
- 认为"孩子不说，是因为青春期"，这种自以为是的想法很危险 / 168

总结　每天和孩子"闲聊"，可以很容易察觉他们是否遇到网络上的麻烦 / 172

专栏 5　通过社交 App 与外面世界相连的孩子们，需要特别注意的情况究竟是怎样的 / 176

6　通过手机**提高了成绩**！仿佛谎言一般的真实案例 / 179

通过手机提高了成绩

案例①　每年操心的自由研究，利用手机之后，评价大幅度提升 / 180

案例②　从小学一年级开始使用手机，现在小学六年级已经具备解读时事问题的能力 / 181

案例③　即使尽情玩游戏和看视频，也能提高成绩，手机似乎并没带来什么问题 / 182

目录　XXI

案例④ 在兴趣的世界里自由深入地遨游，不去补习班，成绩也是最好的 / 183

总结 需要花 3 小时的学习任务，用手机 1 小时就能搞定 / 184

后记 / 191

※ 本书中登场的人物姓名均为化名

1

给孩子手机的时机

关于搞错而后悔的话题

① 手机给太早了吗

> 孩子从早到晚都沉迷手机。
> 是不是应该等稍微大一点再给比较好呢

　　手机是在孩子上初中一年级的时候给的。因为她上的是私立中学，给手机是为了让她坐电车上下学的时候方便和家里联系。话虽这么说，一有了手机，她就完全上瘾了。本来定好手机用到晚上9点半，结果到点了她还一直盯着手机屏幕。成绩也下滑了。是不是应该等孩子自控力更强一些之后，再给她比较好呢？我一直在烦恼初中一年级就给她手机是不是太早了？

井上由子女士
孩子/初中一年级女生

从拥有手机的那天起就不分昼夜一直玩

> 家长给孩子手机,大部分是从什么时候开始呢?

> <u>**最多的还是初中一年级的时候。**</u>小学就拥有手机的孩子占比近40%。而上了初中之后,比例就猛涨到70%。根据地区的不同情况,有的地方80%、90%的中学生都拥有手机。

> 果然是这样。虽然我家孩子也是初中一年级有的手机,但是我在想会不会太早了。

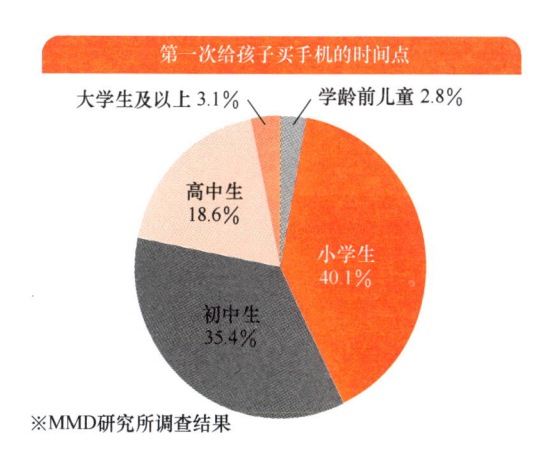

第一次给孩子买手机的时间点

- 大学生及以上 3.1%
- 学龄前儿童 2.8%
- 高中生 18.6%
- 初中生 35.4%
- 小学生 40.1%

※MMD研究所调查结果

1 关于搞错给孩子手机的时机而后悔的话题

- 现在这个时代，一辈子都不用手机的情景实在难以想象，因此我非常理解家长选择初中入学这个时间节点给孩子手机。再加上，**每年一入3月，各大手机商都会开展促销活动，给出很大的学生优惠**。这也是原因之一吧。

- 可不是嘛。我当时有一种"现在就得买！"的感觉。可是，自从孩子有了手机之后，我就在想，这不就是放归野外的"猛兽"吗？（笑）。**感觉她一整天什么也不干，一直抱着手机不放。**

- 这是当然的了。可以看视频，可以玩游戏，可以看最喜欢的偶像的博客，可以背着父母跟朋友偷偷聊天。还有比这更开心的事吗？所以孩子肯定是一门心思玩手机了。

- 果然还是给得太早了吗？是不是坚持到她上高中再给更好呢？

- 不不，那样可能会变成更加"凶狠"的"猛兽"哦。

- 啊！？上高中了之后，自控力不是会更强一些吗？

▶ 如果你站在孩子的角度来看，会怎么想呢？朋友们都有的东西，自己只能在上了高中之后才能拥有。孩子的"凶狠"程度会上升也是自然的吧。

▶ 那，果然还是应该初中给手机更好吧。我认识的家长里面，有的在小学二年级的时候就给孩子手机了。因为那时候孩子还听话，所以父母只要说"别看了"，孩子就会停下。虽然羡慕他们家孩子手机用得很好，但我还是觉得有点太早了。

▶ 确实，**我很理解家长会觉得"小学低年级还太早"**。

拥有手机的时间由孩子决定

▶ 那么老师，所以到底什么时候给孩子手机更好呢？

▶ 大概是**孩子自己想拥有的时候**吧。

▶ 咦！？让孩子自己决定吗？这样真的没问题吗？

1 关于搞错给孩子手机的时机而后悔的话题

- 井上女士是觉得孩子拥有手机的时间点应该由父母来决定吗?

- 当然是这样了。**我认为应该是父母来决定什么时候给。**

- 那么,是什么时候呢?为什么是这个时间呢?关于这些,有没有比较明确的想法?

- 就是不知道所以才来问老师您的……

- 比如"我们家是坚持初中开始的方针。理由是什么什么",这些都比较明确的话,我认为就没什么问题了。因为每个家庭的价值观和具体情况都是不一样的。

- 尽管我觉得应该从初中开始,但要问我"有没有明确的方针",我对此不是很有自信。

- 即使心里事先会多少规划一个合适的时期,如果孩子向你哭诉"大家都有了",你要是感到犹豫,**也可以退让一步。**

- 但是这样,作为父母会不会有点不太靠谱啊?

- 使用手机的是孩子没错吧。那么首先，我们就要试着站在孩子的立场上来考虑。

- 可是，父母要是因为一句"大家都有了"就让步的话……

- "大家都有了""想和朋友取得联系"，这些对于孩子来说都是非常重要的理由。井上女士，您还是小孩子的时候，难道不这么觉得吗？**大家都拥有的东西却只有自己没有，那种感觉真的特别煎熬。**

- 嗯，这倒是。

- 到底给手机还是不给，或许还是应该由父母和孩子讨论之后决定，但我希望，当孩子说想要手机的时候，家长可以跟孩子积极地探讨这件事。反正总有一天是要拥有手机的，**那在孩子想要的时间点来探讨，我认为这并不是一件坏事。**

- 最近，也有人说什么，早一点让孩子拥有手机就能尽快掌握数字化技能。

- 我认为，在孩子想要手机之前，就先有"差不多该让孩子用起来了"这种想法，完全是多此一举。现在的孩子比起父母那一代会更加熟悉数字化。IT 的知识都不用父母教，全凭自己就能学起来了。

- 但是，如果只因为孩子想要就给孩子手机，我还是会感到不安。

- 我啊，**其实并不觉得什么时候给孩子手机是一个多么重要的问题。**

- 欸，是这样吗？

- **最重要的并不是"何时拥有"，而是"怎样使用"。**

不应该把手机作为奖励买给孩子

- 井上女士的孩子是已经参加了初中入学考试，并且成功考上志愿学校了吧？

- 是的。因为女儿从小学四年级开始就一直上补习班，这下我心里终于能松口气了。

▶ 全家应该都很努力吧。所以，就给孩子买了手机作为奖励。

▶ 号称是为了上下学路上方便联系买的（笑），不过的确是你说的那样。我当时高兴得忘乎所以，情绪非常高涨。所以难道不能作为奖励给孩子买手机吗？

▶ 我觉得，就最开始给手机的契机来说，作为一种奖励的方式也不错。**因为考试合格了，成绩提高了，付出了努力去做一件事，所以才有了手机。这不是很好吗？**那么，买手机的时候，有没有定一下使用时的规则呢？

▶ 一天用多久手机、设置过滤功能等，这些我并没有特意去定。不过定了一点，那就是手机只能使用到晚上9点半。

▶ 那是怎么决定的呢？和孩子讨论？

▶ 是我提的。学校的学习那么重要，而使用手机还可能会引起各种各样的麻烦，所以我告诉她，到9点半就不能玩了。如果她能遵守这一点，我就给她买。

1 关于搞错给孩子手机的时机而后悔的话题

🧔▶ 那，孩子怎么说？

👩▶ 她连说两遍"我会遵守！我会遵守！"。

🧔▶ 那肯定是这样了。因为孩子很想要，**所以你说什么她都会答应。**

👩▶ 她倒是也遵守了约定，一到9点半就不玩了。

🧔▶ 那就没什么问题了呀。

👩▶ 可是，她因为看手机就不学习了，成绩也下降了。

🧔▶ 买了手机，可能你就变得不学习了，如果你成绩下降了该怎么办——买手机之前，有跟孩子聊过这些话题吗？

👩▶ 没聊过。因为我没有想到孩子会这么沉迷手机。

制定详细的规则，而不是严格的规则

🧔▶ 看上去问题不是出在孩子那边，而在井上女士这里啊。**孩子明明遵守了约定，但是结果您作为父母却很焦虑**。这种焦虑是从哪里来的呢？因为孩子不学习吗？还是因为孩子一直玩手机？

▶ 对啊。现在正是成长的关键时期，孩子老是玩手机，我真的很担心，简直坐立不安。

▶ 刚刚我们也说了，刚开始拥有手机的孩子，很多都会完全沉浸其中。您女儿这种情况并不是个例哦。

▶ 那，我就只能默默地看着吗？

▶ 为什么说如何使用手机很重要？原因就在这里。**井上女士您失败的原因并不是给孩子手机的时机有问题，而是在给的时候没有彻底地定好规则。**

▶ 规则我定的是用到晚上9点半啊……

▶ **只是这样就太宽松了。**

▶ 所以是需要制定更加严格的规则吗？

▶ 不是严格，是详细！家长有必要**事先设想一下会**

1 关于搞错给孩子手机的时机而后悔的话题

发生哪些情况，然后针对一个个情况制定精准的规则。

🧑‍🦰▶ 那我就跟孩子说，再补充一条，"每天只能使用2小时手机"。

👨▶ 这样您女儿能接受吗？这是加了之前没有的新规则哦。

🧑‍🦰▶ 这，只要严格让她遵守的话……

👨▶ 应该是不行的吧。孩子肯定会打破约定，背着父母用的。这样下去，父母还是会焦虑，孩子又会反抗，形成恶性循环了。

🧑‍🦰▶ 怎么会这样……

👨▶ 如果只是突然增加一条规则，孩子不遵守的话就草草责备几句，只是这种程度的话，孩子是绝对不会遵守的。家长要把目前为止的规则都重置一遍，**召开家庭会议，要有讨论重大事件的气氛，然后重新制定详细的规则，不这样做肯定是不行的。**

- 欸！？

- 虽然比较麻烦，但是考虑到以后会不断涌现出令家长焦虑的问题，这样做还是有价值的。**当然，家长如果觉得太麻烦，也可以不做。不过这样的话，焦虑的感觉可能就会持续很长一段时间了。**

- 也就是说，不仅规则很重要，制定规则的方法也不能马虎大意？

- 正是如此。关于规则制定的方法，我们在其他章节谈吧。

手机给太早了吗？之 结论

- 初中一年级开始拥有手机的学生是最多的。
- 当孩子说想要手机的时候，开始考虑给手机的问题。
- 不要过于拘泥于给手机时间早晚的问题。
- 比起给的时机，给手机时的规则制定更加重要。

② 手机给太晚了吗

> "对小学生来说还太早！"抱着这种想法不给手机，会让孩子脱离朋友的社交圈

我们住的地方是初中入学备考生比较多的教育重点地区。因为要上补习班，孩子的很多朋友都是从小学四年级左右开始就有手机了。虽然我儿子也很想要，但我们家一直觉得还是等上了初中再说，所以就没给他。到儿子小学毕业的时候，全班都有了手机，班里没有手机的就只剩我家孩子。因为没交换联络方式就进入了不同的初中，儿子逐渐跟朋友们疏远了。看他有点可怜的样子，我有点后悔这么做了。

中村美香子
孩子 / 初中一年级男生

1 关于搞错给孩子手机的时机而后悔的话题

是否依赖手机跟拥有手机的时间无关

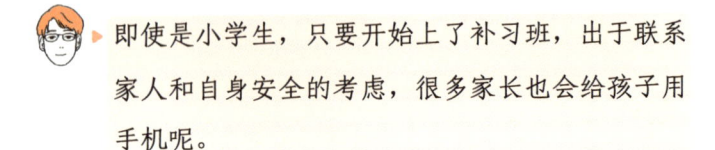

▶ 即使是小学生,只要开始上了补习班,出于联系家人和自身安全的考虑,很多家长也会给孩子用手机呢。

▶ 就我自己的感觉来说,孩子小学就有手机还是太早了。可是,我身边这种情况还真不少。

▶ 虽然大多数孩子都是在初中一年级开始拥有手机,但在一些地区也有更早的。**特别是在积极备考初中入学考试的地区尤其如此。**

▶ 我家周围就是这样。

▶ 但是,**您家的方针是进入初中之后再给孩子手机**是吧?

▶ 是的。

▶ 既然如此,也没什么问题呀?

▶ 可是,儿子小学时的朋友,大家都各自升入了不同的初中。就因为孩子在小学的时候没有手机,所以没留下朋友们的联系方式，跟他们的关系就这样疏远了。虽然现在进入了本地的公立中学，但他还是不太适应。或许是这个原因，我儿子现在总是盯着手机看。

> 这或许**是因为他本来就是这样的孩子**呢？

> 咦？这是什么意思呢？

> 我经常能听到一些父母感叹孩子"沉迷手机不学习"或者"用手机一个劲地玩游戏"。但同时，也有一些家庭的孩子有了手机之后，并没有出现特别明显的问题。

> 这难道不是因为那些孩子很优秀吗？

> 我认为并不是因为那些孩子聪明或者优秀。**是否会沉迷手机，很有可能早就写进了一个孩子本身的 DNA 里。**

> 啊，真的假的！？

> 是真的。举个不太恰当的例子，您想想酒精依赖症。就算喝了酒，也并不是每个人都会有酒精依

1 关于搞错给孩子手机的时机而后悔的话题　17

赖症。即使同样是面对一些巨大的压力，比如自己失去工作、重要的人去世等，并不会得酒精依赖症的也大有人在。我认为体质和秉性是很重要的原因。手机也是，既有容易沉迷的孩子，也有不会太沉迷的孩子。

也就是说，我家孩子就是容易沉迷的类型。

可能是的。

如果是这样的话，那不就得赶紧治好这个"依赖症"吗？

<u>这是生来就有的，"治"不好</u>。说到底，这不是好与坏的问题。只不过，因为孩子是这种类型，所以家长需要格外注意一些，或者尽量选择合适的引导方式，在这些方面可以努力进行一些改善。

原来如此。

刚开始拥有手机，很多孩子都会沉迷其中。很少有那种不沉迷的孩子，换句话说，得依赖症的孩子有不少。为什么别家孩子有自制力而我们家的孩子却没有，对于这些，我认为父母可以不用太钻牛角尖。

- 那我心里还真是好受点了。

- 对于容易沉迷手机的孩子，家长在给手机的时候应该怎么做？这些内容是本书想要讨论的中心主题，而在这里我们想讨论的是关于时机的问题。

- 我一直在想，会不会给得太晚了。**要是早点给孩子手机的话，是不是孩子就不会断了跟朋友的关系呢？** 说实话我有点后悔。

是随大流，还是贯彻自己家的方针

- 这是因为现在的孩子都是通过手机来取得联系。小学毕业的时候，全员都有手机的情况还算比较特殊，**但到了初高中，如果孩子还是没有手机，那跟朋友之间的交流确实会比较困难。**

- 过去明明在家里打电话就够了。

- 现在有很多家庭已经没有固定电话了。所以当朋友之间想要取得联系的时候，就不得不打电话给对方的父母。孩子还是相当抵触这么做的。

因为用个人手机打电话已经变得很普遍了，所以就算家里有固定电话，可能大家也不好意思往固定电话打了吧。

所以说，**如果孩子周围的朋友大部分都有了手机，那家长应该以此为契机，考虑一下给孩子也来一个了。**

果然还是给得太晚了吗……

但是，中村女士，您家里有"小学阶段不给手机"的方针。如果这一点不能退让，那孩子只能因此放弃。毕竟孩子生在这个家里，他也没有别的办法。

首抽父母㊀的意思，是吧。

没有手机就会跟朋友渐渐疏远。现在这个时代，就是会发生这样的事。**如果知道这一点，还是决**

㊀ 孩子不能选择父母。出生在怎样的父母身边就决定了孩子的境遇的这种观念。——译者注

定贯彻本来的方针的话，这就是您家里自己的考量了，外人也不好插嘴。

- 我当时并没考虑到这一步。

- 如果，您知道您的孩子会因为没有手机而跟朋友疏远，当时会给孩子手机吗？

- 怎么说呢……**别人是别人，自己是自己**。我可能还是会拒绝他，**不行就是不行**吧。

贯彻"不行就是不行"会让亲子都倍感压力

- "不行就是不行"，这句话，大家好像经常说呢。

- 因为，我觉得一味惯着孩子不好。

- 为什么不行呢？能不能向孩子说明一下理由？

- 我这方面好像做得不太好……但是**难道父母不可以说"不行就是不行"吗？**

- 当然可以。但是孩子并没有接受，不是吗？

是这样的。他要么自己生闷气,要么跟我们吵架。

父母用"总之就是不行"这种简单粗暴的回答,把孩子的要求直接堵回去。孩子不管是从情感上还是道理上都完全不能接受。在他们心里留下的只有闷闷不乐、无法释怀的情绪。虽然父母这样说话基本上都是爱孩子的表现,孩子心里应该也明白,但我认为这样的话会导致不好的家庭氛围持续很久。

那,还是应该听取孩子的想法吗?

如果"上了初中之后再给手机"的方针无法改变的话,我认为有必要尽量跟孩子说明理由。要是说不出理由,或是经过考虑之后感觉也不是非得坚持不可,那就给孩子手机好了,不也挺好吗?

嗯……这样就感觉自己果然还是"败给孩子了",有点不甘心(笑)。

啊,哈哈。当然最终还是贯彻"不行就是不行"的方针也是可以的啦。不过,**要做到这一点,对**

父母和孩子来说都是非常大的考验。

- 作为父母来说,就算很困难,我们也想让孩子明白道理。

- 这也是很了不起的想法呢。不过您既然这么说,那就要做好心理准备了,因为会很耗费精力。

- 啊,光听听我就觉得累了。

- 因为父母很疼爱自己的孩子,总是忍不住担心,最后很容易变成不管怎样都要限制孩子玩手机,甚至尽可能不让孩子接触手机。那为什么不试着改变一下视角呢?

- 改变视角?

- 试着想想,为了让孩子既不会出现问题,又能畅游手机世界,<u>父母能为孩子做些什么,或者说,父母能提供怎样的支持?</u>

- 我还没考虑过这些。

- 大家还真是一有了孩子后,就很快进入父母的角色了呢（笑）。您是不是觉得父母必须得引导孩子。

是的。我一直觉得必须要好好教育，好好引导孩子。

我也说过好几次了，中村女士贯彻自己的方针是没问题的。但我希望您可以向孩子好好地说明一下，为什么父母不想给他手机？为什么现在不行？如果没有这样的觉悟，就只说"不行就是不行"而不跟孩子沟通的话，说得难听一点，就是放弃了为人父母的责任。

也就是说，必须得让孩子好好地接受并认同这一做法。

虽然家长总是觉得自己必须对孩子进行引导，但其实孩子并不这么想哦。现在的孩子们，更愿意把父母当作人生路上的同行者而不是前辈。他们会觉得，**明明都是立场平等的人，为什么还要被这样那样地说教**？

但实际上，我们并不能让初中生做和成年人一样的事情吧?

当然了。并不是说真的让孩子做和成年人一样的事。我的意思是,**从孩子的角度来看,他们是这么想的**。孩子和父母的视角是完全不一样的,所以才会产生沟通上的问题。只有仔细地解释说明,才能够消弭这条鸿沟。这听上去怎么有点像是政治家的演讲(笑)。

手机给太晚了吗? 之 结论

- 是否沉迷手机跟年龄没有关系。
- 如果身边人多数都有了手机,那就要考虑一下给孩子手机的事。
- 父母如果有明确的方针,要跟孩子仔细说明。
- 一般来说,很难让现在的孩子一直不使用手机。

> **总结** 给孩子手机的时间点并没有正确答案

最近也有一些家庭在孩子很小的时候就给他们手机了，比如小学一、二年级。因为孩子还处于比较听父母话的阶段，只要对他们说"该停下了"，他们就会老实照做。这样一来，好像反而很少发生矛盾。就算如此，我也并不认为早点给孩子手机就是一件好事。还是有不少家长觉得，小学一年级就给孩子手机还是太早了。

绝大部分家长都认为进入初中是一个契机。首先从年龄上来看，家长多半会认为已经合适了。小升初作为孩子人生的一个分界点，也算是一个比较好的契机。再加上每到毕业、开学季，各大手机厂商会进行大规模的学生优惠促销活动，所以手机在孩子升上初一时首次亮相，也就变成一件很自然而然的事了。

那么，初中一年级是否是孩子持有手机的合适阶段——我认为大家也不用烦恼这一点。因为<u>重要的不是"何时拥有"，而是"如何使用"</u>。

孩子一旦拥有了手机就会沉迷其中。这时父母通常会担心,是不是太早给孩子手机了。然而,不管多少岁,该沉迷还是会沉迷。拖到很晚才给手机的话,孩子说不定还会更加沉迷。因为孩子会发现,身边的人都早就有了手机,只有自己一直忍到现在,那么逆反情绪大一点也是正常的。

那种不用父母多说就能用得很好,并且不会让手机打乱自己正常生活秩序的孩子的确是有的,只是真的很少。大多数情况下,孩子是做不到的。正因如此,家长才更需要制定使用手机的规则。很重要的一点是,这些规则对孩子来说是合理且不勉强的。关于什么样的规则才算合理,我们将在第三章详细讨论。

● **孩子想要的时候是一个给予的好时机**

给孩子手机的时机并没有什么正确答案,这取决于每个家庭的方针。但是当我问到"为什么是这个方针"的时候,我发现家长往往没有明确的理由。父母之间是不是都有一种想要让手机尽可能离孩子远一些、让孩子尽可能晚一点接触手机的心情呢?

然而,孩子迟早都会拥有手机的。那我感觉,还不如在孩子说想要的时候,好好考虑一下给孩子手机这件事。

在孩子想要的时候给孩子手机有一个很大的好处，那就是孩子会感觉到"自己的感受得到了尊重"。 感到自己受到了尊重时，反过来孩子也会尊重父母。因此在制定规则这种重要的时候，孩子也更能听进去父母的意见。

如果家长还是觉得时间太早，那我建议家长要把太早的理由向孩子仔细地解释清楚。虽然不知道孩子是否会接受，但这样可以减少父母与孩子之间的紧张感。如果只是用"不行就是不行"来拒绝孩子，那孩子就只会一直不停地喊"想要！想要！"，每天向父母控诉"为什么别人都有？"，最后只会让全家的情绪都变得越来越焦躁。

作为父母，如果你心甘情愿接受这种环境，那这种想法也确实令人敬佩。但如果孩子一哭就能动摇你的心情，那么"现在不行"也许就只是一句站不住脚的话而已。

● **孩子生活在一个不能"偷偷打公用电话"的时代**

事实上，初中生里有 70% ~ 80% 的孩子拥有手机。在一些地区，几乎每人都拥有一部。因此，**手机对孩子**

来说是重要的社交工具。 当然，如果有家庭制定了"上了高中再给手机"的方针也是没有问题的。不过，这样很可能会让孩子和朋友的交流变得困难，朋友之间的关系变得疏远。

过去，父母这一代的家里都有固定电话。一些人或许还有过这样的体验：想聊一些不想让家人听到的事情，就偷偷打公用电话。在移动电话普及之时，家里的电话依然有它的存在感。可是当所有人都有了智能手机后，一切都发生了变化。我们用手机的短信聊天功能跟别人进行必要的联系，而不再通过打电话的形式。于是，"固定电话还有必要留着吗？"越来越多的家庭在经过这样一番思考之后，取消了家里的固定电话。在这样一个时代，孩子没有自己手机的话，就只能用父母的手机跟朋友联系。我们能够想象到，孩子对这件事情其实会存在反感。因为他们也会进入自我意识过剩的青春期，所以如果不是非常重要的事情，他们是不会用父母的手机互相联络的吧。我希望每个家庭在制定方针的时候，可以考虑到以上提到的这些情况。

专栏1 上中学之后拥有手机的孩子变多了，不光是"时机恰当"，令人意外的理由是什么

3岁就拥有属于自己的手机的孩子，日本全国已经超过2万人

数字媒体正迅速在孩子之间流行起来。令和元年（2019年），3岁小孩中有50.2%[一]的孩子在使用网络。

而前一年，也就是平成30年（2018年），这个数字只有45.2%。也就是说，使用网络的孩子的比例在一年的时间里增加了5%。虽然大多数孩子使用的是父母的手机或者平板，但是有自己专用手机的孩子也达到了4.1%。日本全国范围内有超过2万名的3岁小孩能够用自己的手机上网。这简直就是可以称为"网络原住民"的一代。

网络的使用率会伴随着年龄的增长逐渐提高，小学生的比例是86.3%，初中生是95.1%，高中生是99.1%（均为令和元年的数据）。基本可以认为，不上网的孩子几乎没有。不过，不同年龄的孩子，使用的设备有很大的差异。

图表显示的是各个年龄段的孩子分别使用哪种设备上网。对于小学生来说，智能手机、平板电脑和游戏机

[一] 所有数字来自令和元年日本内阁府的调查数据。

几乎是并列的。上了初中之后,使用智能手机的人数急剧增加。正如前文所说的,许多孩子在初中时拥有了第一台智能手机。这在本次的调查结果中也有所体现。上了高中之后,孩子们基本上就都是使用手机上网了。平板电脑和游戏机成了必要时的一种补充。

没有手机就参加不了社团活动!?

那么,父母给孩子手机的理由是什么?根据本书的问卷调查结果显示,更多的是为了解决因孩子活动范围扩大而带来的不便,而不是为了使用互联网。

比如"为了离开家的时候跟父母保持联系""朋友都有了手机,为了和朋友约着碰面之类的时候联络使用""为了用GPS确认孩子的位置"等评论都很好地说明了这一点。

很有趣的一点是,有很多评论提到,没有手机会妨碍孩子们的社团活动。有人回答说,"孩子说社团活动必须要用LINE⊖进行联络,迫不得已给他买了"。这或许也是越来越多的孩子上了初中之后就拥有手机的原因之一吧。

⊖ 韩国互联网集团的日本子公司推出的一款即时通信社交软件,在日本被普遍使用。——译者注

上网时使用的设备是?

- 智能手机
- 平板电脑
- 便携式游戏机

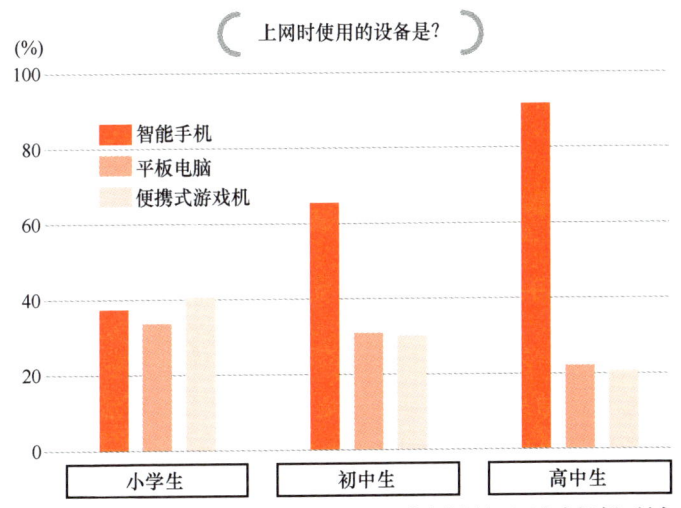

	小学生	初中生	高中生
智能手机	约38%	约66%	约93%
平板电脑	约34%	约32%	约23%
便携式游戏机	约41%	约31%	约22%

令和元年（2019年）根据青少年互联网使用环境实态调查（日本内阁府）制成
调查对象：5000名10～17岁的孩子

2

关于孩子拥有了手机就变得不学习的话题

一个劲玩手机不学习

因为沉迷手机，成绩倒数，退出社团活动。
父母对孩子的将来感到很不安

初中入学考试结束之后，我给孩子买了手机，可是他却把时间花在玩手机上，变得不再爱学习了。本来约定好平时玩到10点结束，周六玩到11点。现在却一而再，再而三地打破约定，学校的作业也总是晚交。在考试前一周我没收了他的手机，结果成绩还是排在最后几名。我只能让他放学之后留堂学习或是参加课外补习班来追赶学习进度，社团活动也退了。他好像养成了比起努力更倾向于放弃的坏习惯，导致我非常担心儿子的未来。

加藤洋子女士
孩子 / 初中三年级男生

"孩子不学习"是100年前就有的抱怨

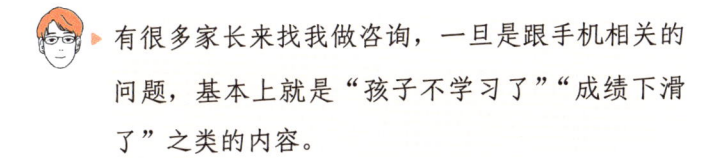

- 有很多家长来找我做咨询,一旦是跟手机相关的问题,基本上就是"孩子不学习了""成绩下滑了"之类的内容。

- 就是这样的!每天只顾着玩手机,一点都不肯学习。

- 可是,我认为**孩子不学习的原因并不是手机的问题**。

- 欸!?可是他初中入学考试那时候真的很努力呀!补习班那么多作业,他都完成得很好,还参加了暑假和寒假的住宿强化班。

- 如果没有初中入学考试的话,会怎么样呢?您觉得孩子会自主学习吗?

- 这一点我也不能确定……不过我突然想到,我儿子低年级的时候,经常中途放下作业就去玩了。

- "我家孩子,不爱学习"是任何时代的父母都会说的话，即使在江户时代（1603—1868年），估计也会有母亲发牢骚，觉得孩子"就知道玩拍洋画㊀，懈怠了私塾学习"吧（笑）。

虽然表面看起来，孩子是有了手机就变得不学习了。可是，就算没有手机，不学习的孩子还是不学习。而有了手机，爱学习的孩子还是一如既往地爱学。这是我长期开补习班，观察过4000多个孩子之后，得到的实际感受。确实啊……**与手机无关，能自主学习的孩子，本来也就只占10%～20%**吧。您儿子是不折不扣的主流派啊（笑）。

▶ 这也不是什么令人开心的事吧（笑）。

数据可以证明手机和学习能力没有关系

▶ 每年，日本文部科学省会以小学六年级和初中三年级的孩子为对象，开展全国学习能力调查。目前这种形式的调查始于平成19年（2007年），大概16年前。

㊀ 一种儿童游戏。孩子们把洋画合在一起，摆在地上。轮流用巴掌去拍，或者用洋画去拍画，能让洋画翻面即可拿走。——译者注

> 16 年前……是移动电话的时代!

> 是的。那会是 YouTube 的萌芽期,还没有普及。值得一提的是,智能手机——初代 iPhone 也是在那一年发售。这部"没有按键的移动电话"的出现,震惊了世界。

> 那个时候,别说是智能手机,就连拥有移动电话的孩子都很少呢。

> 当然,也就没有沉迷手机的孩子了。那么当时的孩子们就比现在更爱学习了吗?事实并非如此。虽然数据都是本人自己报上来的,但是我们可以

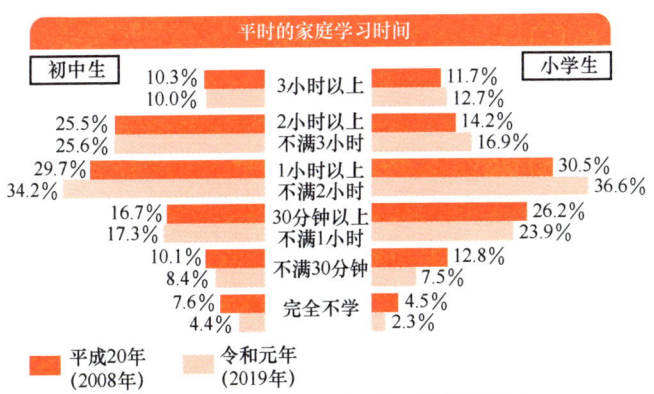

平时的家庭学习时间

初中生		小学生
10.3% 10.0%	3小时以上	11.7% 12.7%
25.5% 25.6%	2小时以上 不满3小时	14.2% 16.9%
29.7% 34.2%	1小时以上 不满2小时	30.5% 36.6%
16.7% 17.3%	30分钟以上 不满1小时	26.2% 23.9%
10.1% 8.4%	不满30分钟	12.8% 7.5%
7.6% 4.4%	完全不学	4.5% 2.3%

■ 平成20年(2008年)　□ 令和元年(2019年)

※根据日本文部科学省・全国学习能力、学习状况调查制成

2 关于孩子拥有了手机就变得不学习的话题

看到，**包含补习班在内的课外学习时间基本没有变化。**

> 真的耶。太不可思议……

> 很有趣的是，**孩子的学习能力也没有发生明显的变化。**这项调查的结果虽然并不能代表全部，但由于它是在全国范围内开展的定点观察，因此可以说是可信度很高。在学习能力的水平方面，并没有产生统计学上的显著差异。

> 不管有没有手机，孩子的学习能力都不会发生变化吗？

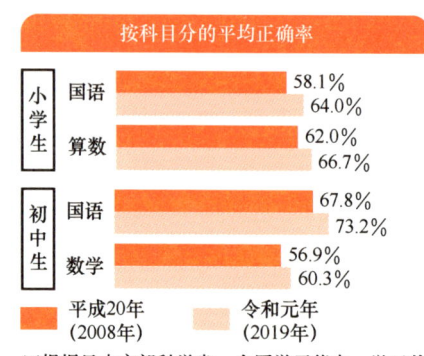

按科目分的平均正确率

		平成20年(2008年)	令和元年(2019年)
小学生	国语	58.1%	64.0%
小学生	算数	62.0%	66.7%
初中生	国语	67.8%	73.2%
初中生	数学	56.9%	60.3%

※根据日本文部科学省・全国学习能力、学习状况调查制成
※根据年度的不同，问题的难易度会有波动。另外，因为平成20年的问题分成了"知识"和"活用"两部分，表中显示的是这两部分正确率的平均值
※保留小数点后1位

- 是这么回事。日本全国各地有大量的家长在感叹他们的孩子"沉迷手机不学习"。如果是这样的话,即使孩子们的学习能力就此一落千丈也不足为奇吧。但事实是,孩子们的学习能力并没有发生改变。

- 那也就是说?

- 也就是说,孩子不学习不是智能手机的错。现在80%的初中生都拥有手机。**某种意义上来说,大家都是平等的。**如果"有了手机就不学习"这种话是正确的,那学习时间减少、成绩下滑的孩子不应该大幅增加吗?可是,并没有出现这种情况。

- 那我家孩子为什么不学习呢?

- 这是因为,<u>学习太无聊了</u>。没有吸引力,孩子就不想学。而游戏比学习好玩多了,所以孩子当然会选择游戏。即使没有手机,孩子也会和朋友一起在游戏厅消磨时间,还是不会去学习吧。

考试取得好成绩的唯一方法

- 随便问哪一位初中生"想不想提高成绩?想不想取得好分数?",大家的回答肯定都是"想"。谁都希望能取得好成绩,而不是糟糕的成绩。

- 既然都这么想,那好好努力就行了呀。我也并不是说想要孩子一直学几个小时。每天踏踏实实学个 30 分钟也行啊。

- 这样的想法从根本上就错了。

- 欸?

- **如果是以取得好分数为目的,那考试前集中精力学习就行了。** 平时正常上课,作业大概做一做,剩下的时间完全可以用来玩游戏。而代价是,考试前用 10 天到一周的时间拼命用功学习。

- 大概要拼命到什么程度呢?

- <u>平时学 4 个小时,周六日学 10 个小时。</u>

▶ 啊……不行不行不行！孩子肯定做不来。

▶ 我经常对那些喊"不行"的学生这样说：**在一年的 52 个周六日中，只要你利用期中和期末考试期间的五次拼命学习，那你的人生就会改变**。如果成绩提高了，学习也会变得快乐。你会感觉下次还想努力，会逐渐建立自信心，将来还会有更多的选择空间。有 47 个周六日可以悠闲度过，只要努力 5 个周六日，你就能拥有这样的未来。你会怎么做？

▶ 这样真的能提高成绩吗？

▶ 能提高。考试成绩很大部分取决于考试前 10 天里的学习效率和注意力，<u>和平时关系不大</u>。所以，想要提高您儿子的成绩，只要关注考试前的一段时间就行了。

▶ 目前来说，在考试前一周，我会没收他的手机。

▶ 这对孩子来说是"惩罚"了呀。并不能成为学习的动力。在手机回到他们手上之前，他们都会用发呆打发时间。充其量就是装出在学习的样子罢了。

一边说"是你的自由"一边却不给自由,父母的这种态度才是问题

> 那,怎么做才能增加孩子的动力呢?

> 需要让孩子感觉到学习的乐趣。营造出这种感觉,类似"和平时玩的游戏不同,这个学习的游戏每年可以玩5次,可有意思了"这样。它在北欧叫作"游戏化",指的是把游戏和教育结合起来。看,都有专有名词了。

> 在家也做不了这些啊!

> 也是。家长是当不成老师的。当我们想教孩子一些东西时,他们是绝对不会听的。**所以能否遇到值得信赖的老师或补习班是非常重要的。**

> 只能看运气吗……

> 可以把我写的关于学习方法的书悄悄放到孩子的桌子上(笑)。不过有一件事是我们大人能做的,那就是告诉孩子未来的样子,展示给他们不同的选择。

▶ 告诉他们未来的样子?

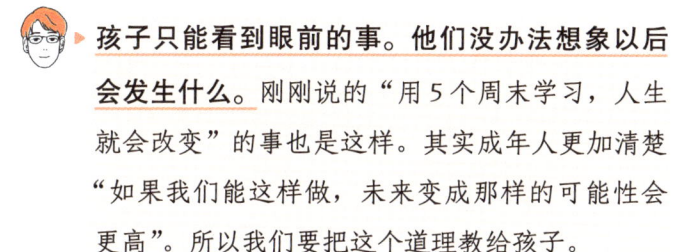

▶ **孩子只能看到眼前的事。他们没办法想象以后会发生什么。**刚刚说的"用5个周末学习，人生就会改变"的事也是这样。其实成年人更加清楚"如果我们能这样做，未来变成那样的可能性会更高"。所以我们要把这个道理教给孩子。

▶ 告诉他们"现在努力的话，你的未来就有可能会变成那样"吗?

▶ 是这个意思，不过还有一点不能忘记的是，**孩子的人生取决于孩子自己。**努不努力，选择权终归还是在孩子自己手上。如果家长一边对孩子说"选哪个都是你的自由"，一边还不停散发出一种"给我选努力"的气场，孩子会有逆反心理的。

▶ 我有"信心"我会散发出这样的气场。确实是……

▶ 不要总盯着孩子不擅长的地方，也不要试图劝他放弃、纠正他，孩子才会往更好的方向发展。

▶ 太难了。我一不小心就会忍不住开始说教。

父母心都是这样的。但是，我认为，如果多考虑考虑积极的一面，父母会更加轻松，而**孩子在这种明亮欢快的氛围中也会受到比较好的影响。**

还有，一般来说，**事先决定好一些规则对手机的使用是非常重要的。**因为如果平时已经养成了玩游戏的习惯，那么就很难在考试前突然改掉。虽然也有真的能够在学习和游戏之间一键切换的孩子，不过这终究是少数。

那，也就是说，控制玩手机的时间还是有必要的吧。

是的，我觉得规则是必要的。

手机与成绩的关系之 结论

- 不学习是因为学习太无聊了,不是手机的错。
- 16年前和现在相比,孩子的学习时间和学习能力都没有变化。
- 即使平时懒懒散散,只要考试前拼命用功学习,成绩就能提高。
- 家长的消极态度会让孩子越来越不爱学习。

> 总结

不管有没有手机，不学习的孩子始终是不学

父母们咨询我关于手机的问题时，基本上都和学习问题绑定出现。问的都是，孩子有了手机就不学习了，成绩下滑了，该怎么办好呢？

借此机会，我想说"手机不是真正的原因"。**不管有没有手机，爱学习的孩子照样学，不学习的孩子还是不学。**电视机刚出来的时候，我们也常常能听到"孩子不学习了"这种话，然而事实并不是这样的。

日本文部科学省每年组织的全国学习能力调查能够有力地证明这一点。孩子们的手机持有率在这几年激增，但是学习能力水平从16年前开始调查时到现在基本没有发生变化。这项数据作为证据之一，证明了成绩差并不是手机的错。

在写这本书期间，我也在社交平台上面向读者做了一份调查问卷。有18%的人回答："有了手机后，孩子的成绩下滑了。"责任编辑很吃惊地说："我以为比例会更多。"而有22%的人回答："成绩提高了。"成绩提高的孩子竟然比成绩下降的孩子还要多。

虽然回答问卷的人多数是我的读者，他们基本上都很关注教育。但即使这样，也足以证明，就算孩子有手机，他们的成绩也并不会因此下降。

● **考试前实践就一定会提高成绩的学习方法**

孩子不学习，是因为他们不知道怎么学习才能取得成果。当分数提高的时候，他们会很高兴，周围的人也会心情不错。所以实际上，大家都想取得好分数。虽然"学习方法"这个主题本身就可以写成一本书了，不过我还是在这里介绍几个考前的学习方法吧，都是我根据多年经验总结出来的。

※ 详细内容参照《初中生的学习方法》《小学生的学习方法》。

① 相比把要背的内容写下来记忆，朗读、默读才是正确方法

记住某样东西最重要的是"重复"。读比写更快，可以多次反复。考前学习要先做好以下几点：英语、古文朗读20遍，现代汉语默读3遍，历史默读5遍。就算不理解意思，这样也能得分了。

② 模拟题反复做3遍，不会的地方集中解决

模拟题和练习册，自己要反复测验。先做3遍吧。

做了3遍还不会的地方就是自己比较薄弱的地方。这时候再开始写下来记住。

③ 只有数学要注重日常积累

数学大多是计算，知道了做题方法就能解开问题。如果考试前把宝贵的时间花在做计算练习上的话，其他科目就没办法复习了。遇到了想不通的问题，那就只能回到自己能明白的地方重新开始，这些应该在平时就做好而不是都堆在考试前做。

④ 问学校老师学习的方法

利用好学校老师。如果光是问老师一些个别问题，实在太浪费了。我们应该问一问学习的方法，比如，"我明明努力了却还是没得到好分数，到底该怎么学习才好呢？"老师一定会仔细地教你。

● 越是说"快去学习"，孩子越是不学习

虽说孩子有了手机就不学习的说法本身是一种误解，**但如果不好好处理与手机关系的话，确实有的孩子就是会对本应认真对待的事情敷衍了事。这也是事实。**因为学习太无聊，孩子忍不住就会奔向眼前的快乐。或许，最知道这样不对的，莫过于孩子自己了。孩子肯定会想，不能再这样下去，我想提高成绩，想进志愿学

校。他们一定也希望过充实的人生。

对"孩子总是玩手机""不学习"这样的情况感到焦虑的家长,有一个方法一定要试试。那就是,自己先要享受每天的生活。就算遇到辛苦的事和讨厌的事,也要微笑面对。试着贯彻这个方针生活下去。对孩子则是丝毫不提学习的事情。当父母不再过于执着、过于纠缠的时候,孩子一定会积极向前。你不相信吗?可是,到目前为止,家长都在竭尽全力,用话语和态度表达"赶快学习",这样的方法如果是正确的话,孩子的情况早就应该发生改变了吧。想想家庭主妇们,要是听到家人说"该是吃饭的时间了吧,还没做好吗""衣服一天洗两次吧"这样的话,会有什么感觉呢?我想主妇们肯定会大喊"你自己做一个试试",然后跟家人争吵起来吧。

当然,我也并不是说,要完全给孩子自由,索性不管了。就像家庭主妇掌握了家务的要点一样,孩子也要掌握和手机相处的方式。下一章中,我会讲一讲最重要的一点——规则如何制定。

专栏2 "花时间埋头苦学"已经过时？！
网络原住民们的学习术

学习内容越深，手机越能起作用

家长们知道"智能学"这个词吗？这就是最近初高中生都在说的，利用智能手机学习的学习方法。有些孩子还有一个专门用来学习的社交账号，叫作"学习号"。他们可能就是使用网络，和小伙伴们互相交流学习心得。许多家长感叹孩子有了智能手机后就不学习了，但事实上也有很多孩子是有了手机之后，有了学习的动力，反而开始学习了。

实际上使用手机学习的小学生约占17%，初中生约占30%，高中生约占50%。㊀ 随着学习范围逐渐扩大，学习内容逐渐深刻复杂，"智能学"的人数也逐渐增加。

使用手机后，有了学习的兴致

以下是一些"智能学"的例子。

● **代替字典**。能够查英语单词、句子的含义，汉字、成语的意思等。

● **代替补习班**。用线上课程App的视频进行学习。根据学习App的课程开展课题学习等。

㊀ 令和元年（2019年），日本内阁府调查。

● **深入挖掘**。解决对理科和社会的疑问。对于一些事情可以了解更多人的意见等。

这些例子的共同点是,相比以前的学习方式,所需的时间大大缩短,而且也不用再去选择特定的学习地点。在网上搜索英语单词比用字典查快多了。你不用专门去请教专家,搜索一下相关视频,就会有人教你想知道的东西。还可以利用短暂的空闲时间上网学习。"智能学"让学习变得更加高效。

手机不光能用来学习,有的孩子还用手机来增加学习的动力。比如——

● **时间管理**。使用可以用图表展示学习时间的App,将每个学科所花费的时间可视化。

● **互相学习,互相鼓励**。通过使用社交App,可以和来自不同学校、不同补习班,但拥有共同目标的人交流。

现在已经进入了学校给每个孩子配备一台平板电脑的时代。手机不再局限于玩乐。在学习领域,智能手机起到的作用正在变得越来越广泛。

"智能学"了吗？～智能手机的使用内容～

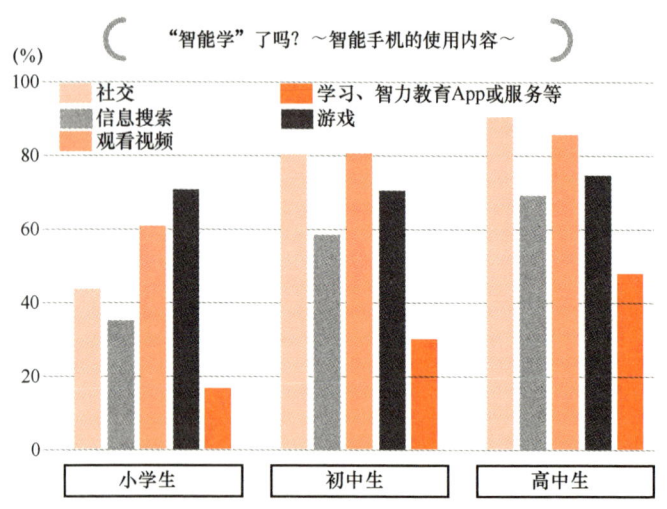

	小学生	初中生	高中生
社交	44	81	90
信息搜索	35	58	69
观看视频	61	81	85
游戏	71	70	75
学习、智力教育App或服务等	17	30	48

令和元年（2019年）根据青少年互联网使用环境实态调查（日本内阁府）制成
调查对象：5000名10～17岁的孩子

3

关于规则制定失败而使孩子变得沉迷手机的话题

①没定好规则

没定好规则就给手机的话，孩子会日夜颠倒地沉迷其中

我是在女儿小学4年级的时候给她手机的，算是比较早了。当时没有特意定什么规则，也没出什么问题，就这么一路过来了。可是最近我发现，女儿开始背着我们在深夜用手机看视频、玩游戏。我不能不管她这种日夜颠倒的生活，想给她限制使用时间，结果我们为此大吵一架。女儿竟然顶撞我说，为什么突然之间要限制她使用手机。我还发现她擅自用特殊软件把限制解除了。说实话，我们现在真的是一筹莫展。

木村裕美女士
孩子/初中一年级女生

孩子不会在常识范围内使用手机

> 您在给孩子手机的时候,没有制定规则,是吧?

> 是的。因为每次我们对她说"这个不行"的时候,她一直很听话,所以我感觉没必要特意再定规则了。

> 那是因为您的孩子那时候是小学生啊。还是比较听话的年纪。

> 是这样没错。当时我根本没想到女儿会这么沉迷手机。后来实在是没办法了,才开始限制时间的。

> 她遵守不了吧?

> 是的。一点都不遵守。还擅自把限制解除……我真的很震惊。

> 因为她一直以来都是在没有规则限制的情况下使用手机的,当然会出现这种情况。在没有消费税的情况下,突然征收消费税,人肯定会反抗,不是吗?

> 我一直相信孩子应该能够用大家都约定俗成的方式来使用手机。

> **有这样的孩子。但这是极少数。** 我们不应该对孩子抱有这样的期待。

> 那就是说,即使是小学生也需要规则,是吗?

> 时间的限制、社交 App 的使用方法等,制定什么样的规则取决于每个家庭对此的方针。但是不管怎样,父母自己在考虑什么、担心什么,这些事情要传达给孩子。从这角度来看,制定规则也是有必要的。

> 如果我能事先就定好规则,是不是就不会变成现在这样了呢?

> 不,或许孩子还是会打破规则的吧(笑)。

> 那即使制定了规则,也还是没意义啊。

> 这个嘛,我之后会说的。总之要记住,<u>给孩子手机这件事,第一刻是最重要的。</u>

- 那我岂不是，第一步就失败了。

- 给手机的那一刻，是<u>父母处于优势地位的唯一时刻</u>。因为孩子非常想要手机，所以不管父母说什么，他们都会表示"能遵守""能做到"。谈话就能和谐地进行下去。但是**如果在孩子拥有手机之后再定规则的话，这次就变成孩子占上风了**。制定规则就会变得很麻烦。

- 确实是这样。就算我这边定好规则，孩子也不好好遵守，还会在我们不知道的地方，使各种小手段钻空子。

- 因为数码方面的知识，还是孩子更懂呀。生于传统年代的父母肯定是敌不过的。

规则制定失败是因为父母老是高高在上

- 那我之后，该怎么办呢？

- 有一个方法是，干脆就放弃吧（笑）。

- 欸，那不好吧。

> 哎呀,您不是一直很焦虑吗,跟女儿的关系也很紧张。如果不想这样继续下去的话,就只有**做好心理准备,让一切重来**。

> 心理准备……

> 因为要重新制定以前没有的规则,所以肯定十分消耗精力。但如果不愿花费这份精力的话,今后的麻烦和问题肯定会接踵而来。两者做个比较,您会怎么选?

> 在叛逆的孩子面前,我真的能好好地重新掌握主动权吗?

> 这个嘛,您必须要营造出这样的氛围:现在要讲一件极其重大的事情!**如果您还跟平常一样,只是"絮絮叨叨地抱怨一通"这种程度的话,是没办法重新掌握主动权的。**

> 我真的能营造出这样的氛围吗?

> 比如,您可以安排一场家庭会议。不光有母亲,还要让父亲和兄弟姐妹都参与其中,让整个会议

看起来是"要决定重大事项"的样子。要营造出这样的气氛。

> 原来如此。如果让孩子爸爸来说,孩子应该能听进去。因为被爸爸教训的话,应该会更让人害怕一点。

> 嗯,我已经能预感到您定规则这事要失败了。

> 可是,就凭我是镇不住场子的。

> **定规则,并不是单纯让父母一味地告诉孩子"要这样做"。**

> 但是作为父母,就是想能有一些规矩希望孩子遵守啊。

> 那么,**就算不用命令的方式也能传达吧。**为什么要安排一场制定规则的会议?父母在担心什么?把这些全部都说出来。向孩子传达你们的感受,不要情绪化。**如果感觉到情绪不对就终止会议。**改日再开比较好。

> 总感觉有点难……

3 关于规则制定失败而使孩子变得沉迷手机的话题　61

> 父母不要总是一副高高在上的样子。你们应该考虑的是，**如何才能让孩子安全地享受手机世界的美好**。这才是最基本的态度。

孩子打破定好的规则的理由

> 可是老师，我还是感觉，这样是不是有点太好说话了？感觉会被孩子看轻。

> 为什么会这么想呢？

> 因为，虽然您说安全地"享受"手机世界……我感觉这样会慢慢打乱孩子的生活节奏，孩子会去做一些令人担心的事情。

> 家长确实会有这样的担心呢。那就把这些想法讲出来就好了呀。然后，**跟孩子一起讨论，为了不让这样的事发生，需要怎样的规则**。父母有父母的考虑，孩子也有孩子的想法。双方磨合一下，交换一下意见，最终各让一步，找到互相能妥协的地方，这才是制定规则。

👧 找到能妥协的地方吗？

👨 **如果只满足了父母的要求而不能让孩子接受的话，那这样的规则孩子是绝对遵守不了的。** 每次打破约定，父母会觉得很焦虑，孩子则会想办法钻空子。您不觉得这样规则就没有意义了吗？

👧 嗯，是的，确实。

👨 这就是制定规则最重要的点。**到底应该定什么样的规则，最先说出来的一定得是孩子，而不是父母。** 父母首先要听孩子的意见。

👧 那孩子肯定会提一些无理要求，比如"我一天要玩10小时手机"之类的。

👨 听了这话，您是不是会对孩子脱口而出："你说什么呢！这样太荒唐了！"

👧 大概会……不，我肯定会这么说的。

👨 如果您这样做，孩子就不会再次发表自己的意见了。学校也有这样的老师吧。当孩子回答错误的时候，他们会直接否定说"错了"。而专业的老师会怎么做呢？**他们会询问孩子"为什么会这么想？"。他们还会和孩子这样交流："你是这样想的啊。""原来如此，所以你才会选2呀，那跟1相比怎么样呢。"**这才是专业老师的样子。

> 也就是说，父母也必须要做专业的父母。

> 父母也是人，当然会说一些矛盾的话。我不敢说要让大家一直做专业的父母，但在定规则的时候，我希望父母可以在这方面用点心。不然的话，好不容易定下的规则就没有意义了。

> 原来要先听孩子的意见啊。但我从孩子那里听到的肯定都是些特别宽松的规则。

> 这时候，就需要大家在一起好好谈谈、互相妥协，最终再达成一致就行了。<u>如果用父母定好的规则，当规则实施不下去的时候，就是父母的责任了。</u>孩子会说，规则不好，这样肯定遵守不了。要是最初孩子和父母都提出自己的意见，双方能就这么做的依据和理由进行讨论之后再定下规则的话，就相当于孩子也参加了规则制定的过程，不再是父母单方面定下的规则了。

> 这样的规则孩子就会遵守了吗？

> 不，大概 100% 会打破吧（笑）。为此，**父母也要事先准备好规则被打破时的惩罚。**

> 惩罚也要事先想好？

> 是的。而且惩罚的内容也要先让孩子来定。在制定规则的过程中，父母不如说更像是倾听者。对于孩子的意见，父母可以提问题："为什么想要这样？"每次孩子说些什么的时候，父母可以问孩子："为什么？""根据是？"这样做既可以让孩子自己注意到问题，又可以让他们更加信赖父母，因为父母是孩子的倾听者。**孩子是不会尊敬和信赖命令自己的人的。**

如果不顺利也可以改变规则

> 制定规则的要点还有一条，就是要**提前设想各种各样的情况。**

> 各种各样的情况是指？

3 关于规则制定失败而使孩子变得沉迷手机的话题 　65

> 比如规则定的是手机使用的截止时间是晚上9点。可是如果孩子没办法单方面退出跟朋友的群聊，时间就很有可能超过9点。这么说来，在哪种情况下，手机使用时间是可以超过9点的呢？

> 欸！？很难考虑到这么细的情况吧。

> <u>**大家对制定规则这件事太粗心大意了**</u>。就是因为只能粗略地决定"到晚上9点为止"，一旦孩子跟父母说"朋友要跟我聊学习方面的事，我总不能无视吧"，那父母就会潜移默化地接受规则被无视。要是父母不这样做，不管不顾地继续坚持"不行就是不行"这个准则，那又太不近人情了。
>
> 比如，当您实施惩罚的时候，孩子很有可能会生气。如果孩子生气了要怎么办？像这种情况，您都要事先决定好。先看孩子怎么说。如果孩子说不上来，就由您来说："那妈妈来决定，可以吗？"设想一下各种各样的情况，一定要一边确认孩子的意愿一边决定。

> 可是，日常生活中总会有意料之外的情况啊。<u>**既要十分精准地定下规则和惩罚，还不让孩子有钻**</u>

空子的机会，这很难做到啊。

- 如果发生意料之外的情况，那到时候再修改规则就行了。

- 这样的话，制定规则不就没有意义了吗？

- 签订某某合同的时候，不都有附加条款吗？比如"当出现本合同履行困难或者不可抗力的事态时，双方要抱有诚意进行协商"。在手机的规则里面，也可以加上这种在修改规则时适用的条款。这样一来，**遇到进展不顺利的情况，就可以变更规则了**。这项条款当然也要经由孩子同意才能加入。

- 确实，加入这项修改条款，以后就可以进行更改了。

- 有一点不能忘记，那就是双方都有提出重新制定的权利。也就是说，孩子也可以进行不服申诉。

- 我以为规则一旦定下来就不能改变了，原来并不是这样啊。

3 关于规则制定失败而使孩子变得沉迷手机的话题

> 我们没办法制定出能覆盖所有意外情况的完美规则。肯定会出现超出预期的情况。<u>**如果发生这种情况，到时候孩子和父母只要再次好好讨论就行了。**</u>

亲子对话的正确实例

父母：我们来定一下使用手机时的规则吧。你觉得应该定什么样的规则比较好呢？

孩子：不要玩得太多。好好做作业。

父母：为了不要玩得太多，那我们最好规定一下"手机最晚用到几点"之类的。

孩子：那就，别超过晚上 11 点吧。

父母：11 点啊。感觉这时间有点晚了。那会儿已经是睡觉的时间了。

孩子：嗯，是呢。

父母：8 点前怎么样？

孩子：这太早了！从补习班回来就差不多到这个时间了。

父母：这样啊。那 9 点呢？

孩子：这个点，我能遵守吗……

父母：那我们不去定用到几点了，就定一天用几小时怎么样？

孩子：要是这样的话，我可能会不知道已经用了多长时间了。还是定用到几点，我能更好遵守。

父母：那就先试试到 9 点吧？

孩子：9 点半！

父母：那就先定 9 点半。顺便提一下，如果没遵守的话呢？

孩子：嗯……3 天内禁止使用手机之类的？

父母：好，我知道了。总之，先用这个规则试试。如果进行得不顺利，我们再讨论吧。

制定规则能锻炼孩子的大脑

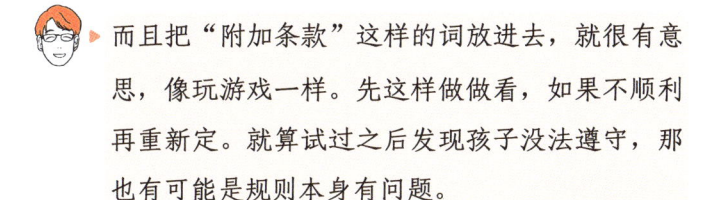

> 虽然制定规则的过程看着就很不容易，但是我好像可以通过手机这事和孩子多聊聊天了。

> 而且把"附加条款"这样的词放进去，就很有意思，像玩游戏一样。先这样做做看，如果不顺利再重新定。就算试过之后发现孩子没法遵守，那也有可能是规则本身有问题。

> 也就是说，遵守不了规则并不是孩子的错，而是规则的问题？

> 用这样的态度对话，孩子也更能接受。**虽然父母常常会单方面地对孩子说"要这样做"，但我认为，制定规则对孩子来说是一次不可多得的教育机会。定规则的交流过程是非常锻炼大脑的**。为了让父母能认同自己，孩子要学习交涉的方法，比如应该展现什么样的依据、应该用什么理由来说服对方等。比起仗着为人父母的权力逼迫孩子，反过来被孩子说服不是更合适吗？孩子若能够和父母辩论起来，说明他们已经成长了很多。

> 制定规则原来就是在不断刺激孩子的大脑啊。

> 而且，他们会明白在开始做一件事之前，首先需要制定规则。也学到了决定一件事情并不是由身份地位高的人一味地下命令，而是要通过互相讨论来决定。将来在社会上，他们会成为值得信赖的人。

> 不管父母还是孩子，都会有不能让步的地方和能够妥协的地方。也就是说，需要一边对话，一边寻找共识。

> 国与国之间也是一样的。**没有做到这一点，就会引起战争**。

> 是的。现在，我家正在发生战争（笑）。

> 为了避免战争，我最后还有很重要的一点要说。要准确地记录下定规则时讨论的经过。**如果可以的话，最好拍视频**。

> 视频吗！？不是写在纸上吗？

> 现在确实也有很多人采用书面协议的方式。虽然这也可以，但是相比印刷的铅字，保存好当时讨论的视频，可以在人的心底留下更深刻的印象。我们可以了解一些当时的气氛和情绪，比如发现"原来这一点是我当时强烈要求的啊"。

> 还要拍视频的话，感觉好像我们不信任孩子似的。

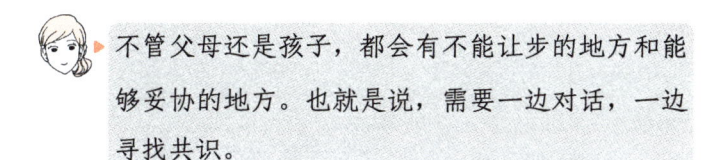

> 虽然我们似乎总是以"违反规则的是孩子这一方"作为前提，但也有可能到头来是**父母这边没有遵守约定**。因为不想变成互相讨论"说没说过"的扯皮，所以就拍成视频好好地保存下来吧。如果父母和孩子都有这段视频，孩子会接受的。而且，你又不是在拍什么剑拔弩张的画面。不过是拍下孩子想要手机，而父母也愿意给但还有点担心的画面罢了。

> 像这样把当时的场面完整拍下来，就能够防止发生矛盾了吧。

> **事实上，我收到了不少反馈，都说拍了视频之后规则的执行挺顺利的。** 所以确实，相比写在纸上，视频还是更有效果的。

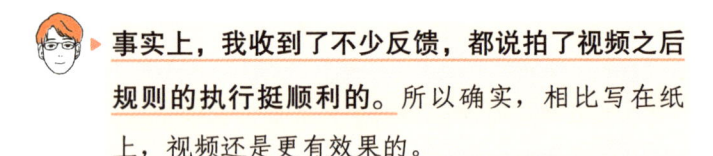

"我家的规则"实例

■ 限制使用时间

电子邮件、游戏、视频,全部加起来每天2个小时

晚上9点之后不玩游戏

平时2个小时,休息日3个小时,都是在晚上10点之前

■ 父母能掌握动向

在客厅用,不要拿进自己的卧室

安装App需要父母许可

手机画面不锁定

■ 社交App对策

不在社交App上传照片

交换联系方式的时候向父母报告

※ 以社交平台上的面向读者的问卷调查为依据

没定规则就给手机 之 结论

- 最初很关键。给孩子手机的时候，一定要定规则。
- 如果是给手机之后才定规则，父母要表现出问题很严重的感觉来。
- 定规则不是父母命令孩子，要一边确认孩子的想法一边进行。
- 根据情况的不同，规则也可以重新制定。

注意!

7条石田式的规则制定法

① 谈话以孩子为先，父母在说自己的意见之前先听听孩子的意见

在被父母单方面命令之后，没有孩子会老老实实遵从。即使是父母难以接受的内容，也要先听孩子说说他的愿望和感受。不要突然说"这可不行"来拒绝孩子。

② 在听完孩子的意见之后，父母再说自己的想法

父母担心的问题，大部分是孩子"生活节奏被打乱""不再学习""有可能会卷入犯罪"。那么为了避免这样的事情发生，父母和孩子就要一起思考该怎么做才好。比如设定有限制的使用时间，防止生活节奏被打乱。那定到几点好呢？最终的关键是要通过和孩子交流来决定。

③ 定好遵守不了规则时的惩罚

就算是经过讨论定下的规则，大多数情况下也还是会被打破。父母要提前定好遇到这种情况该怎么办的惩罚（比如加强时间限制）。交流形式同样还是先让孩子提出惩罚的方案，父母根据孩子的方案提出意见，以这种形式再继续进行讨论。

④ 提前设想好各种各样的情况

实施惩罚的时候，孩子有可能会生气。生气了该怎么办，这些都要提前讨论好。粗略定下的规则会有很多漏洞。我们需要把能想到的情况都列出来，提前堵住漏洞。

⑤ 提前加入能够变更规则和惩罚的"附加条款"

即使是经过一番讨论定下的规则，也会因为过于严苛而遵守不了等原因，无法顺利进行下去。那就事先在规则里加上可以修改的条款，不管父母还是孩子都可以提出异议。

⑥ 任何一方变得情绪化了就停止，改日再讨论

制定规则需要的是一种讨论的氛围。吵架和争论是没办法让双方达成共识的。如果情绪激动、不能保持冷静的话，那就改日再谈。

⑦ 把交流的过程拍成视频

视频不光是给孩子一种要遵守规则的压力，也是为了让父母不要随便解释自己曾经的发言而蒙混过关。拍好的视频不仅父母要留着，也要复制一份给孩子保存。

② 违反规则

规则定好了也遵守不了，一说要遵守，孩子就不乐意了

我们家定的规则是晚上10点到早上6点不玩手机。违反规则的惩罚是把充电器保存在我们这里，让手机没法充电。可是不久之后，已经超过晚上10点了，儿子还想玩，他开始求我延长时间。最初我告诉他"这是约定"，让他遵守，可是渐渐地，他变得越来越执着，要求越来越强烈，甚至开始大发脾气。我拿发脾气的孩子一点办法都没有，最后规则就慢慢取消了。

佐藤佳织女士
孩子/初中三年级男生

在说"不行就是不行"之前，请先等等

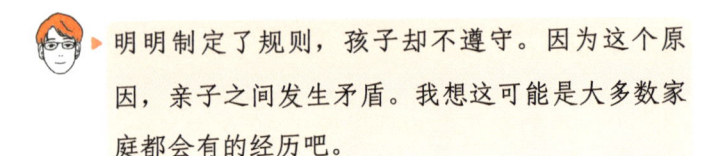

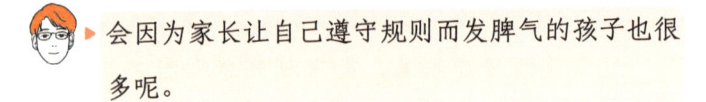

> 明明制定了规则，孩子却不遵守。因为这个原因，亲子之间发生矛盾。我想这可能是大多数家庭都会有的经历吧。

> 看来不光是我家这样呢。

> **很少有孩子会老实遵守定好的规则。**

> 听到老师您这么说，我感觉稍微安心了点（笑）。

> 会因为家长让自己遵守规则而发脾气的孩子也很多呢。

> 我儿子有时会不管不顾把门"嘭"地关上。我实在不想每天都面对这样的情况，所以就把规则一点点地取消了。

> 我建议您在制定规则的时候，**可以提前想好"如果孩子发脾气该怎么做"的办法。**

> 我完全没考虑这些。我以为定好规则后孩子就会遵守了。

> 如果提前设置一个规则的"修改条款"就好了。这样跟孩子谈的时候,就可以说:"为了能更好地遵守规则,我们重新改一下吧。"

> 可是,这真的是个好办法吗?

> 什么意思?

> 老师您说过父母不应该高高在上地俯视孩子,是吧?可是,我认为父母确实就是"处于地位偏高的一方"。**孩子的手机费用是父母支付的,生活中的一切也都是父母供应的。**父母当然希望孩子能遵守一些规定,不可能满足孩子所有的愿望。

> 您这样想也没错。父母和孩子的立场肯定是不一样的。

> 所以,我觉得有些事还是得严词拒绝,对孩子说"不行就是不行"。

> 也对。要说"不行就是不行"也可以。

> 欸……可以吗?

> 一直以来，我给出建议的出发点都是，"如果这样的话，事情会变得更顺利哦"仅此而已。您想采用"不行就是不行"的方式也是可以的。只不过，我只能说，这会是一条非常费心费力的道路。

> 确实很费力。孩子根本不听我的话，我觉得火大，就开始争吵了。

> 即便如此，父母还是想用这种方式进行下去的话，我也觉得没什么。
>
> **是选择始终如一的方式，还是选择积极修正的方式，都是父母的自由**。但是，如果选择"不行就是不行"这种交流方式，父母就必须要有今后还会发生类似问题的准备。也就是说现在这种状态还会持续下去。

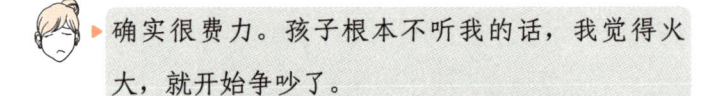

同意孩子想要每天玩 10 小时游戏的愿望

> 我应该是始终如一的类型吧。如果孩子一违反规则，我就要迎合孩子的感受来修改规则的话，我

会感觉很不安。"不喜欢的事连看都不看一眼，周围一切都按照自己的想法来运转就好了"——我不想让孩子有这样的观念。

▶ 变更规则并不是说要完全按照孩子的要求来做。毕竟孩子也会说些不着边际的无理要求。

▶ 想每天玩10小时游戏啦，想自由地看一些付费网站啦之类的（笑）。

▶ 这些要求，要父母同意是不可能的。对于父母来说，为什么会这么想、为什么无法让步？理由是什么？可以把这些话跟孩子说一说。

规则应该是不管孩子还是父母都能接受的东西。 如果觉得这样不好，父母也可以要求修改。

▶ 也就是说父母也有提出异议的权利。

▶ 如果说，您觉得遵守定好的规则是重中之重，那么就算是感觉不可能遵守的约定也要遵守。不管孩子还是父母都要这么做。因为每个家庭有每个家庭的方针，所以我认为好与不好不该由他人来评判。

> 嗯，遵守规则这一点真的是绝不能让步的吗？根据情况改变规则，真的不好？我有点迷茫了。

> 并不是只能始终如一，要记住还有别的路。不是说一定要选择这一条路，而是要明白<u>还有这样一条路存在。</u>

> 最终，我感觉我还是会变成说出"不行就是不行"的始终如一派（笑）。

> 那也没关系。等您的孩子长大成人之后，你们就可以互相嘲笑："话说，我们那时候关系真的很紧张呢。"

> 在那一天到来之前，我只能一边等一边忍耐了吗……

> 父母为孩子的事费尽心血，盼望孩子能幸福，孩子肯定也是能感受到的。即使您最终选择了修改规则，这一点也不会改变。即使变更规则，我认为孩子也并不会变成极度以自我为中心的人。因为有了爱为基础，<u>不管走的是哪条路，到达的终点也不会有太大的改变。</u>

> 如果本来打算采用始终如一的方式，结果却导致规则一点点土崩瓦解的话，那或许还不如边修正规则边进行。

> 这样不管对父母还是对孩子来说，在精神上确实都能更加轻松。而且，家里冷淡疏远的气氛也能得到缓和。

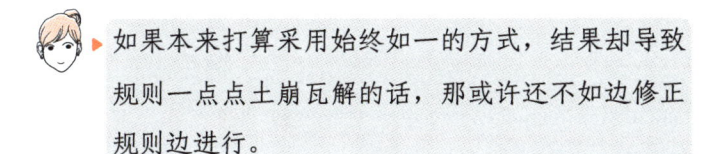

无法遵守规则 之 结论

- 很多孩子都会违反规则，让他们遵守还会发脾气。
- 在规则里提前加入『修改条款』，不合适的时候就修正。
- 孩子和父母同样都有申请修改规则的权利。
- 贯彻『不行就是不行』也是可以的，不过会极度消耗父母的精力。

③ 惩罚实施不了

孩子就算打破规则,也没办法实施定好的惩罚

虽然我们定的规则是用到晚上10点就停,但是最近,儿子直到半夜还在玩手机。我们当时有约定好如果违反规则就没收手机。可是有时候,儿子必须要用手机查点东西。听他说"要用于学习"的时候,我实在没办法拿出很严厉的态度。而且我也担心他没有手机就没法和朋友联系,久而久之可能会和朋友们疏远。青春期的孩子不可能老老实实地面对没收手机这件事,规则和惩罚已经是形同虚设了。

高桥久美子女士
孩子/初中三年级男生

不实施惩罚 = 由父母一方打破了约定

> 好不容易制定的规则,家长肯定还是希望孩子能好好遵守啊。

> 是的。儿子最近的睡眠时间大幅减少,早上都起不来了。

> 您已经定好了不遵守规则时的惩罚了吧。

> 没错。可是我好像也做不到强行没收他的手机。

> 高桥女士您这是**在身体力行地告诉孩子,就算他打破约定也没关系**啊。

> 欸!?

> 因为您没有实施定好的惩罚啊。

> 我儿子已经处在一天都离不开手机的状态了。没收对他来说太痛苦了……

> 约定就是约定,不是吗?要给孩子讲明白这一道理,这才是教育。

好多父母说，孩子不遵守规则。可是，**父母自己也一样破坏了约定**。只要求孩子遵守约定是不公平的。

也就是说，就算对孩子来说是非常痛苦的事情，我也必须实施惩罚吗？

没收这种惩罚方式是否合适，有必要斟酌一下。不过，如果父母不遵守约定，那孩子也不会遵守。

当孩子一跟我说学习要用手机，或者说没有手机会跟朋友变疏远的时候，我就会下不去手。

这样就**被孩子牵着鼻子走了**。因为他们知道了父母的弱点是什么。

太艰难了啊。

因为父母不惩罚孩子，他们就实实在在地学到了"打破约定也可以"这件事。

这样可不行。可是，没收这事好像还是有点难……

只因为一次违规停车就吊销驾照

> 在制定规则的同时，提前定好惩罚确实很重要，不过您的问题出在惩罚的内容上。

> 没收不行吗？

> 没收作为惩罚是可以的，**但是上来就没收，这惩罚也太重了吧。**您为什么用没收作为惩罚方式呢？

> 我想的是，有了严厉的惩罚，儿子为了不让这事发生，应该就会遵守规则了吧。

> 然而，这并没什么用（笑）。最后只会变成这样的局面：**孩子遵守不了规则，但是父母也实施不了惩罚。那就这样吧。**

> 现在我家就是这样。

> 您想想自己的汽车驾照。假如有一天您违章停车了，结果有人对您说："你，得吊销驾照！"您会怎么想？

> 那我大概会想："这也太严格了，真不讲道理。"

- 是吧？违章停车是不会上来就吊销驾照的。不过如果您反复违规，违规扣掉的分数累积到一定程度，就会被吊销驾照。违规使用手机的惩罚也是一样。

- 那最开始应该用温和一点的惩罚吗？

- 基本上是这个思路。比如，今天一天不能用、这周末禁止玩游戏等。

- 可是，采用温和的惩罚方式就能让孩子守好规则吗？

- 这就是社会体系的运作方式。如果您明知故犯，多次违章停车，就会吊销您的驾照。但是**如果您是不小心违反的，只犯了这一次，想被饶恕，那么就会有相应比较温和的惩罚措施，也就是说您会被原谅**。对于违反规则的人来说，也愿意接受这样的方式。

- 我感觉应该也会有那种觉得违章停车一次也没关系的人（笑）。

- 可是，肯定没有人愿意因为违规而被扣分。虽然即便如此，还是会有违反规则的情况。但这时，如果突然一上来就被吊销驾照，没人会不反抗吧？手机的情况也是如此，有的父母会做出"立刻没收一个月"这样的事，让我很吃惊。

如果惩罚是像稍微缩短一点使用时间这么轻的程度，**父母命令孩子的时候也会更加轻松一些**。

是啊。要是孩子一再重复出现违规，那父母就可以跟孩子商量："我们重新修改一下遵守不了的规则和相应的惩罚吧。"

这时候果然还是要商量吗？

父母可不要单方面命令孩子。要是违反规则2次就把惩罚加重到某种程度，违反3次就再加重，违反4次就没收手机，像这样和孩子一起做决定，才更能让孩子容易接受。

父母总是有"这件事就应该这样处理"的想法。对于是否要听取孩子的意见，其实还是会感到有些不安。

硬要强迫孩子按父母的意愿去做，也不是不行，但这是很辛苦的。如果是边听孩子意见边决定的话，其实父母也会更加轻松。

正确做法：

父母：要是玩手机到晚上9点半之前这个约定遵守不了，怎么办？

孩子：不会的，我绝对会遵守的！

父母：一不小心玩过头的情况也是有的吧。要是不提前好好定一下，到时候会变得拖拖拉拉。这样吧，要是违反规则的话，第二天就只能用到8点半，你觉得怎么样？

孩子：我觉得要不这样，今天超出多少时间，明天就少使用多少时间，可以吗？

父母：你的意思是，如果超过30分钟，第二天就用到9点。这挺有意思的。那我们就试试看吧。

孩子：好！感觉像游戏一样（笑）。

错误做法：

父母：手机只能用到晚上9点半。如果遵守不了，我可是要没收手机的啊。

孩子：欸！要被没收的吗？

父母：当然了。手机又不是你的私人物品，爸爸妈妈只不过是借给你罢了。要是遵守不了约定，就没有使用的权利，不是吗？

孩子：要没收多久？

父母：总之就先定一周吧。别担心，只要你遵守约定就没事了。

孩子：……我知道了（怒）。

通过有丰富人生经验的成年人的想法来掌控孩子

> 父母之所以想要制定严格的规则和惩罚,都是因为疼爱孩子进而产生担心的情绪。

> 是的。想让孩子好好学习,不要卷进什么犯罪事件里。

> 重要的是,让孩子恰当地使用手机。如果**制定比较严格的规则和惩罚,就能够让孩子正确使用手机的话,那也可以**。但实际情况并非如此。孩子会反抗父母,寻找能钻的空子,自己悄悄地做各种事情。父母渐渐地就无法掌握孩子的情况了。

> 确实如此。

> 过度的担心,导致父母无论如何都要限制手机的使用,甚至常常想让孩子远离手机,但其实我们还有一种反向思考方式。

> 反向思考方式?

> **就是放宽规则的方式。**

🧑‍🦰 欸？您是说放宽吗？

👨 是放宽（笑）。

🧑‍🦰 这样，不会太惯着孩子吗？

👨 如果孩子能老老实实遵守规则，那父母对此表现出认可不也是一件很好的事吗？

🧑‍🦰 也就是说并不是从一开始就定宽松的规则，是吧……

👨 最开始当然要设想各种各样的情况，慎重做决定。可是如果孩子好好遵守了，对手机的使用也没什么问题，那么，要不要试着放宽规则呢？比如，使用时间到晚上9点的规则，可以放宽到9点半。

🧑‍🦰 感觉孩子会高兴疯了。

👨 可以想象一下这时候孩子的心情。**他们会因为自己被父母信赖而感到很得意吧。**而且，他们也会觉得，**千万不能辜负这份信赖**。而在面对学习时，他们肯定也会比以前更加努力。

> 制定规则的学问,真是深奥啊。

> 是很深奥。"这样做的话,孩子会有这样的反应吧?"一边这样揣摩孩子的心理,一边寻找符合其期望的方向。**这可是"目光短浅"的孩子们做不到的绝技**(笑)。这也就是父母应当大显身手的时刻了。

> 父母确实不应该被孩子带着节奏跑,以至于对孩子的行为束手无策。我也该使点"手段"让儿子任我"拿捏"了!(笑)

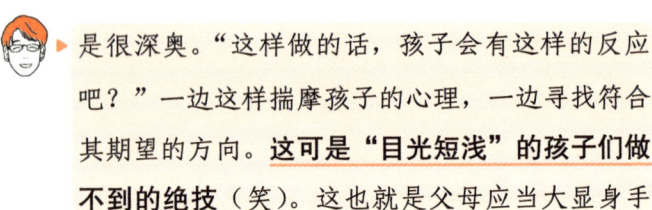

惩罚实施不了之
结论

- 如果不实施惩罚,孩子违反规则的行为会直线升级。
- 惩罚也有轻重。轻度违反规则就用轻一点的惩罚。
- 又重又不讲道理的惩罚很可能会起到反作用。
- 要保留放宽规则和惩罚的想法。

④ 过滤功能起不了作用

孩子擅自把过滤功能无效化,学校发的平板又不能设限制,我感觉很焦虑

我儿子现在用的是学校发的平板和个人手机。我已经给手机的使用时间和访问权限都设置了过滤模式。可是最近我发现他用网上查到的特殊软件把限制解开了。再设置过滤模式他又会钻空子把限制解开,简直没完没了。我感觉这孩子大概是不管用什么手段都要逃脱限制了。还有,学校发的平板本身并不能让家长设置过滤模式,现在孩子处于一种想看什么视频就看什么的状态……

渡边智子女士
孩子 / 初中二年级男生

父母定好的密码是这样被看破的

- 孩子把父母设置的过滤模式擅自解开。这个嘛，也是没办法的事。

- 可是手机厂商说过这是"为了让父母安心的功能"。明明是专业人士设计的系统，怎么会让初中生这么轻易就解开了呢？

- **第一，父母的防守太薄弱了。**过滤功能的密码，简简单单就被孩子看破了。

- 真的假的……

- 有孩子就说过，**因为父母的密码总是一个套路**（笑）。

- 说起来，密码好像大多都是家人的生日。

- 大概是用卡结账之类的时候，孩子看见父母的手上动作了吧。只要输入家人的生日，大概试个两遍就能解开了。

- 真是大意了。

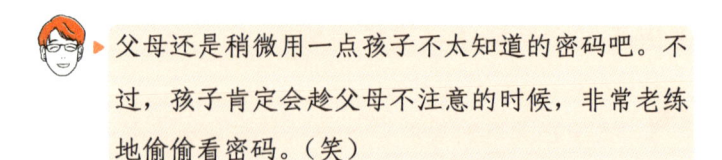

- 父母还是稍微用一点孩子不太知道的密码吧。不过，孩子肯定会趁父母不注意的时候，非常老练地偷偷看密码。（笑）

- 确实会变成这样呢。

- 就是这样。而且还有一种情况是有些父母也不知道的，那就是**在某些无线网络环境下会出现过滤功能不管用的情况**。

- 这一点我也有所耳闻。不过，我们家应该不会出现这种问题。

- 这好像跟"过滤器"的种类、手机机型、家里的无线网环境等各方面有关。总之，孩子在数码产品方面的知识是远远超越父母的想象的。

- 是啊。各种我完全不了解的特殊软件一个接一个地出现。

- 教这些知识的网站太多了，而且朋友之间也会大量交换信息。设置了过滤功能就感到放心的父母，在孩子看来，可能就属于这样的存在：父母简简单单就放心了，简直太幸运了！

- 听了店里面的人的说明,我当时还真的很放心呢。

- 大概在孩子上了初中之后,**父母在数字技术方面的知识就比不过孩子了**,父母最好有这个思想准备。孩子会一次次找出解除限制的办法,简直没完没了。

- 也就是说,父母在这方面是赢不了孩子的。

- 赢不了的。父母能做到的就只有提醒孩子谨慎使用手机。也就是说,**千万不要觉得有了过滤功能就万事大吉了**。

学校给的平板要在父母所在的客厅使用

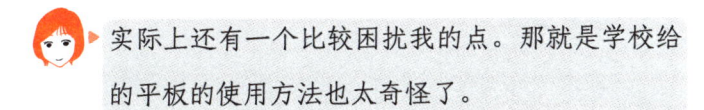

- 实际上还有一个比较困扰我的点。那就是学校给的平板的使用方法也太奇怪了。

- 学校提供平板已经变成常态了。

- 全日本统一停课什么的,真的是碰上了各种各样的难题。混乱中,学校匆匆忙忙地给孩子发了平板,总算是开始了在线授课……

然而孩子却用它**聊天、看视频。一边说"这可是我们同学校联系的桥梁"，一边摆弄平板直到很晚。**

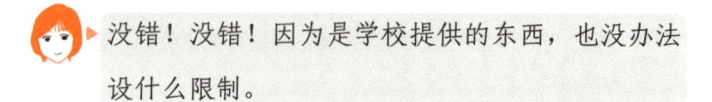

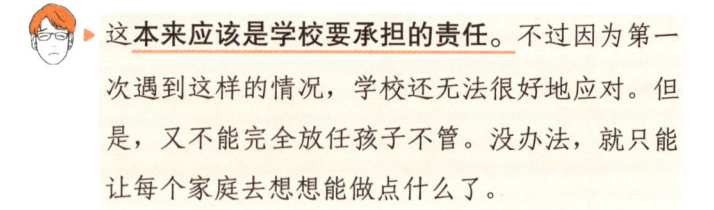

没错！没错！因为是学校提供的东西，也没办法设什么限制。

这本来应该是学校要承担的责任。不过因为第一次遇到这样的情况，学校还无法很好地应对。但是，又不能完全放任孩子不管。没办法，就只能让每个家庭去想想能做点什么了。

学校要是能稍微指导一下就好了。

对于现在备受困扰的父母来说，不可能让他们只是等着学校给出应对措施。因此，父母虽然也要考虑处理办法，但是要把"这本来是学校要处理的事"作为大前提。

也就是说，跟自己买的手机情况不同吗？

学校并不是为了让孩子用来玩乐才发平板的。而智能手机则有游戏、社交 App 等个人玩乐的元素在里面。**两者用途是完全不一样的。**如果孩子使用的时候没办法区分开，而令父母感到不安的话，那我认为，<u>有必要对学校发的东西也制定使用规则。</u>

> 果然制定规则还是有必要的啊。

> 除此之外没有别的办法。学校发的平板只能用于与学校相关的联络和学习。我认为这是规则的基础。

> 可是，孩子会找借口说："这是跟学校有关的事。"

> 这个就姑且接受吧。如果单方面断定孩子"你这是撒谎吧"，孩子只会反抗得更厉害。

> 可是我觉得是撒谎（笑）。

> 因为规则是，平板的使用仅限与学校相关的内容，所以您**可以先问问孩子：<u>"什么情况下你会用它做学校以外的事情？如果用它做了学校以外的事情，该怎么办？"</u>**让孩子说出设想到的情况，然后您把它们全部记录下来存好。我觉得这样能够在一定程度上制约孩子。

3 关于规则制定失败而使孩子变得沉迷手机的话题

🧑‍🦰 多少会起点作用的吧。

👨 也有家庭制定的规则是，在父母都在的客厅使用学校发的平板。既然是与学校相关的事情，那就在父母的眼皮子底下用吧。

🧑‍🦰 啊，这办法感觉不错。

👨 当不把焦虑的父母和学校放在眼里的时候，孩子们肯定会随心所欲地玩。因此，**一旦发生这种问题，或许把事情反映给学校也是个好办法。**

🧑‍🦰 毕竟老师也还不太清楚是什么情况吧。

👨 不要全部都让家庭来承担。家长要一边说"这是学校的问题"，一边把问题提交给学校，我认为这也是很重要的。

🧑‍🦰 比如在家长委员会上提出这个话题之类的。

👨 是的是的。这样做，并不是说要抱怨学校，而是为了孩子，父母和学校应该共同寻找平板更好的使用方法。

过滤功能起不了作用之 结论

- 不要『设置了过滤功能就安心』，要有『这其实并不算很好的防守』的意识。
- 孩子更懂数字技术方面的知识，父母就算再怎么想要分出胜负也没有胜算。
- 学校发的平板也要制定使用规则。
- 父母和学校要共同考虑平板的正确使用方法。

> **经验谈** 使用石田式的规则制定法之后孩子有了变化！
> 能够自己思考手机的使用方法了

渡边智子女士

孩子 / 初中二年级男生

因为烦恼"过滤功能失败了"在 96 页登场的渡边女士，已经实践了我提出的规则制定法。在那之后，孩子真的发生了令人吃惊的变化。渡边女士向我讲述了她儿子后来的情况。

● **沉迷玩手机到很晚，生活节奏也容易被打乱**

在采用石田老师的规则制定法之前，我儿子平时要玩 5～6 小时的手机，休息日更是要花将近 10 小时的时间沉迷视频和游戏。在家学习的时间基本为零。儿子一从学校回来之后，就抱着手机看，一直看到约定的时间（晚上 11 点）为止。洗澡和第二天的准备都推迟到了晚上 11 点以后，晚睡的结果就是早上起不来。更过分的是，之前跟石田老师也说过，他用特殊软件把过滤模式解除了，时间完全没有了限制。虽然我们有如果违反规则第二天就不能使用的约定，但他会偷偷摸摸地用，我完全没办法掌控他。惩罚也敷衍了事。

我对这个状态感到非常不安。不管怎么样，我决定要重新制定一次规则。抱着这样的决心我跟孩子进行了一次交流。这一次，我注意了以下几点。

- 首先要听取孩子的意见。在此基础上传达父母的感受，以此进行谈话。
- 认真决定不遵守规则的惩罚。
- 出现问题的时候，重新制定规则。
- 一旦定好规则，就只是默默关注，不再说一些否定孩子生活态度的话。

就这样，我和儿子开始了交流。为了找出互相之间的妥协之处，我们聊了2个小时。

● 沟通之后定下的时间只缩短了15分钟……

孩子最开始提出的要求，我都惊呆了。他希望"手机使用不要有限制，可以随自己心意玩到半夜"。而当我表达我的想法的时候，他却说"我不知道""我不明白""还好吧""随便吧""太麻烦了"等，全是些消极的话。我们俩好像处在平行线上，根本没办法进行有意义的对话。正当我感觉有点棘手，想要找点话题作为切入点的时候，他高兴地对我说："今天在学校特别开心。"于是我们开始聊起了他朋友的事情。我一边搭腔一边把话题慢慢拉回来,大概过了一个半小时之后,终于进入正题。这时候儿子第一次问我:"妈妈你觉得什么样的规则比较好呢?"

"你怎么想的呢?要取消时间限制吗?"

"感觉太放飞自我了,还是有时间限制比较好。因为我没什么自信。"

"我知道了。那,好好定一定这个时间。"

"嗯……"

一聊到时间限制的话题,他就又回到了模棱两可的态度。或许他是觉得"决定之后就不得不遵守",有一种这样的情感在吧。我觉得如果限制时间定不下来,就什么都没办法解决,于是软硬兼施。最后儿子虽然有点想要赶快把这个话题草草结束的感觉,但总算把规则定下来了。

① 手机使用到晚上 10 点 45 分。

② 一旦过了这个时间,就把手机拿到父母的卧室充电,一直到早上为止(不放在自己的卧室)。

③ 如果出现考试成绩变差等问题,就再讨论一下规则。

④ 如果遵守不了,作为惩罚,第二天就禁止使用手机。

实际上使用时间只比现在缩短了 15 分钟。真的是非常小的一步。不过，我劝自己说，现在先以能够遵守规则为目标吧。

● **从孩子那边获得了新规则的提案**

规则制定之后已经过了差不多 2 个月。在此期间孩子违反了 3 次规则。我没有进行说教，不过是在第二天默默地执行了不能使用手机的惩罚。令我惊讶的是，儿子居然老老实实地接受了。最让我高兴的是，**出现问题之后，儿子开始主动跟我说："咱们谈一谈吧。"**

在制定规则的时候，我们说过"如果阶段考试的成绩变差就重新修改一下规则"。在这之后，事实上，儿子有一个科目考得非常差，他自己也受到了打击。当我觉得有必要聊一聊这事的时候，儿子自己提出："我决定，在考试期间，吃完晚饭就不玩手机了。"现在，这一条也编进了规则中。他也遵守了在父母卧室给手机充电的规则，不再偷偷看手机到深夜了，早上也能乖乖起床了。

听取孩子的意见并制定可执行的规则、实施惩罚、让规则能够重置、不要用否定的眼光看待孩子，这些都是使规则能够被遵守的重中之重。**就算是很小的一步，只要能切切实实做到"决定→遵守"，情况确实就会有所改善。对此我有了深切的体会。**

> 总结
规则的制定和运用才是回避纷争的重中之重

我喜欢新鲜事物,所以很早就有了移动电话和智能手机。10多年前我就入手了智能手机,之后每2年我会更换机型,一直在用最新款。作为成年人,我这种程度就已经能勉强算是熟练使用数码产品了。然而在跟现在的初中生聊到相关话题的时候,还是由我在不停向他们提问。在传统信息时代长大的我们,和互联网原住民的他们之间,差距是无法掩盖的。在数字技术等知识这方面,我们是学生,他们才是我们的"IT老师"。

父母经常会想教育孩子。这么做,也是为了孩子着想。毕竟如果父母一点也不关心孩子的将来的话,也就没必要耐心教育了。不过,要是这种教导前后矛盾,或者完全无视孩子心情的话,一定会让家里掀起滔天巨浪。在智能手机方面,很明显孩子才是懂得更多的一方。可是使用方法的制定权利却握在父母手上。在这种扭曲的关系中,父母当然会感到烦恼,不知道该怎么办才好。

我认为,**最重要的是制定规则以及对规则的运用。**

如果这方面做得好,父母就不用焦虑,孩子也可以美美地使用手机。我在75页有总结规则制定的方法,请大家务必参考一二。

● **出于好心但事与愿违**

不管是多么完美的规则,不遵守就没有意义。<u>**有不少家长会过于担心,要求孩子遵守一些根本无法遵守的规则**</u>。惩罚也非常严格。比如,如果成绩下降就在下次阶段考试之前没收手机。现在,特别是对于上初中的孩子来说,手机是跟朋友交换信息以及享受快乐必不可少的东西。手机被没收几个月,孩子真的会反省吗?在我看来,反而会加剧怨恨和愤怒的情绪。接下来,孩子就会瞒着父母,自己悄悄找空子钻,觉得只要不被发现就行了。一旦暴露,孩子会变得越来越固执。父母这边则是把规则定得越来越严。要走出这种恶性循环可是十分艰难的。

所以,<u>**在制定规则的时候,希望父母可以先听取孩子的意见**</u>。或许孩子有很大的可能性会说出宽松到令人吃惊的规则,但父母也要接受孩子的想法,不要不分青红皂白地否定。在此基础上,父母要告诉孩子哪些事情是无法退让的。将父母的意见和孩子的意见相互交换,相互磨合，再制定出第3种方案。并且这种交流需要在一种和谐认真、相互尊重的氛围下进行。

理想情况下，这样费心费力制定的规则应该是可以得到遵守了。但多数情况下，还是会发生违反规则的事情。遇到这种情况，要怎么做呢？要使过于严格和过于宽松的规则都有变更的可能，或者是从轻度惩罚慢慢升级成重度惩罚，这些都是熟练运用规则的要点。

● **通过规则的制定，孩子能成长很多**

或许有人会认为这种方式是"惯着孩子"，但<u>**尊重孩子的规则制定也是很好的家庭教育方式。**</u>在交换意见的磨合过程中，孩子能够学习到逻辑思维和如何说服对方的能力，并且实际感受到规则不应该由哪一方单方面来决定，而应该在实际协商之后再做决断。另外，还能让孩子自己亲身体会妥协和让步的重要性。<u>**通过制定规则，同时也是在教育孩子，使他们在以后走向社会时，成为一个被人信赖和喜爱的人。**</u>

在规则制定的过程中，可能会因为孩子的不认同让争论白热化。父母或许会被孩子驳倒。出现这样的情况，我认为父母不必强行非要让自己赢。偶尔输一次也不错。<u>**孩子长大了，都能说服父母了，我希望父母可以**</u>

为他们的孩子感到高兴。

事实上,能做到这一步的中小学生基本没有。大多数情况下都是孩子被父母说服。我们要理解,孩子还处于词汇量匮乏、不能用恰当的语言表达自己想法的年龄阶段。如果父母感觉到自己咄咄逼人,要把规则强加给孩子的话,希望父母保持冷静,改日再谈。

● **没有规则也能正确使用手机的孩子真的存在吗**

如何给孩子手机、制定怎样的规则,这些都由每个家庭自行决定。毕竟每个家庭的情况不一样,价值观也有差异。每个孩子的性格也各式各样。所以,没有什么正确答案。"到晚上 10 点为止"对有的家庭来说正合适,有的家庭则会感觉太晚。我没办法说,我们一定就要按某一种方式来做。况且,<u>以上这些规则制定的技巧,都是我基于"这样做会更顺利"而提出的建议。</u>

有些家长不想听取孩子的想法,总是采取非常坚决的态度。我知道这种方式也是出于对孩子的爱。可是,我想大部分孩子并不会乖乖听话,那父母就会非常消耗精力。对此,家长要做好心理准备。

最后还要提一点,有一些孩子,即使没有规则,也能够正确使用手机。或者说,这类孩子会在自由钻研的过程中逐渐掌握技巧、运用自如。照此培养下去,他们可能会成为优秀的艺术家或者成为活跃在某一专业领域的佼佼者。看到身边有这种类型的孩子,父母可能会想"我家是不是也能这么做",但其实这样的孩子非常稀少。自己家孩子是这一类型的概率很低。父母无条件就给出手机,大部分孩子都会忘我沉迷。所以,我想告诉父母的是,给孩子自由意味着高风险、高回报并存。

"怎么不遵守规则！"这样生气的父母只是在唱独角戏

专栏3

有大约半数的家庭采用限制手机使用时间的规则

很少有家庭会不加任何限制就让孩子持有手机。比如，有84.8%的家庭会"监管孩子如何用手机使用网络"㊀。这是来自一份针对10～17岁孩子（包含高中生在内）家长的调查，如果只限定在中小学生的范围内的话，大概比例会更大。监管比较多的方面大致如下：

- **掌握网络使用状况** 约40%
- **使用内容过滤功能** 约37%
- **让孩子在家长可视范围内使用** 约35%
- **让孩子在规定的时间和场所使用** 约32% 等

不过，手机的使用并不仅仅局限在上网这一方面。还有各种各样的用途，比如玩游戏以及和朋友联络等。在为本书所做的一项调查问卷中，当被问到手机规则这方面的问题时，选择"限制使用时间"这一项的人数遥遥领先，占到48%。也就是说大约有一半的人，会对手机的使用时间进行限制，比如一天用2小时或者用到晚上9点之类的。为了防止孩子浏览有害网站，也有很多人选择设置过滤功能。之后从高到低的回答依次是，不

㊀ 令和元年（2019年），日本内阁府调查。

拿进自己房间而是在客厅使用（11%）、不随便安装 App（6%）、不氪金[①]（6%）、父母可以检查 LINE 等社交 App 的内容（5%）、吃饭不玩手机（5%）等。

横在父母和孩子之间关于规则的巨大鸿沟

有一点值得说一下，这里有一份很有意思的数据。父母和孩子在对于"在使用网络方面，有制定规则吗？"这个问题的回答上有很大差异。

图表分别显示了小学生、初中生、高中生的数据。而不管在哪个年龄段，相比孩子，都是父母一方回答"已经制定规则"这一项的人数比例更多。随着孩子年龄的增长，这项差距也越拉越大。此处数据展现出来的意思已经很明显了。那就是，只有父母认为已经定好了规则，而孩子这边根本没觉得有规则这一说。

本章中，有几位对孩子无视规则、违反规则倍感烦恼的父母们登场。虽然这份烦恼令人感同身受，但是，或许就像从第一颗纽扣就扣错位置一样，父母们从一开始就走上了一条错误的道路。

[①] 意思是支付费用，特指在网络游戏中的充值行为。——译者注

只有父母认为有规则?

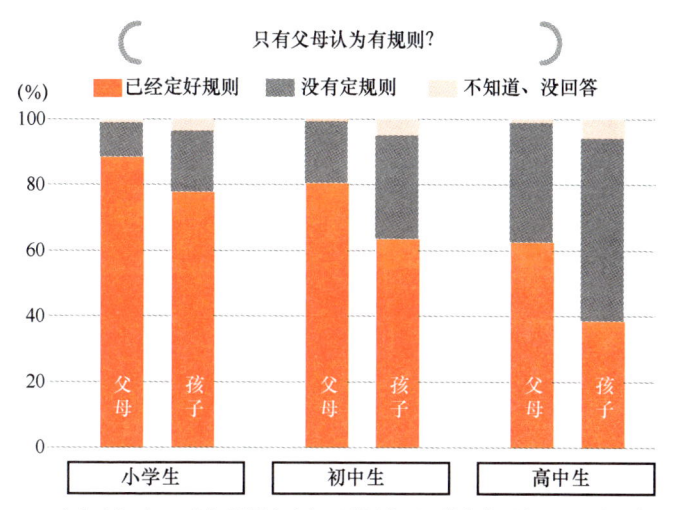

■ 已经定好规则　■ 没有定规则　□ 不知道、没回答

小学生　父母／孩子
初中生　父母／孩子
高中生　父母／孩子

令和元年（2019年）根据青少年互联网使用环境实态调查（日本内阁府）制成调查对象：5000名10～17岁的孩子及家长

3 关于规则制定失败而使孩子变得沉迷手机的话题　115

4

关于沉迷网络游戏的话题

① 无法停止玩游戏

不遵守1天玩1小时的规定，该吃饭了也不停止玩游戏

儿子现在沉迷于网络游戏。初中入学考试结束之后，我给他买了游戏机。交给他时，我们约定好1天就玩1小时。可是，儿子最近几乎每天玩游戏的时间都大大超过了原定时间。即使到了洗澡和吃晚饭的时间，他也不停下。因此我每次看到他玩游戏就会感觉很烦躁。我要是一开口提醒，让他别再玩了，他立马就回嘴说："我正连线呢，现在不行！"现在我们每天都因为这事不停地吵架，亲子关系已经到了最差的地步。

铃木理惠女士
孩子 / 初中二年级男生

父母太不了解游戏了

> 铃木女士,您平时自己会玩游戏吗?

> 现在已经不玩了,不过我结婚之前还是偶尔会玩的。像《动物森友会》㊀啊,《马里奥赛车》㊁之类的。

> 您觉得好玩吗?

> 不过就是消磨时间罢了。

> 这就是您孩子一直在做的事。连吃饭的时间也不愿停下。

> 您就别说了,我又开始焦虑了(笑)。

> 不过我想说,现在的游戏已经跟铃木女士印象中的游戏完全不同了。

> 是这样吗?

㊀ 由日本任天堂公司开发的游戏。游戏中玩家生活在一个动物居住的村庄,展开各种活动。——译者注
㊁ 以日本任天堂公司招牌游戏"马里奥"系列的角色所构成的趣味赛车游戏。——译者注

> 父母这一代一直认为游戏不过就是娱乐。但是现在的网络游戏真的很厉害，**不仅需要动脑，还需要与其他玩家进行沟通。我甚至觉得它可能已经上升到了一种能力开发的高度。**

> 有这么厉害吗？

> 曾有人这样说过："孩子在做的事情，父母不体验一下就横加指责。这跟放弃育儿差不多。"

> 放弃育儿……

> 嗯，这话说得稍微过了点。总之，我想说的是，**两代人对于游戏的认知是不同的。**比方说，现在的游戏或许会对沟通能力的提升有所帮助。

> 确实，通过线上的方式孩子可以跟朋友进行交流。

> 以前的孩子是一边玩捉迷藏或者打棒球，一边沟通交流。现在，承担这一功能的角色变成了游戏。游戏本身也正在急剧地进化。父母持有的那种停留在过去的对游戏的观念，跟孩子现在玩的

游戏的性质已经完全不一样了。这一点父母要明白。

游戏会给大脑带来不好的影响吗

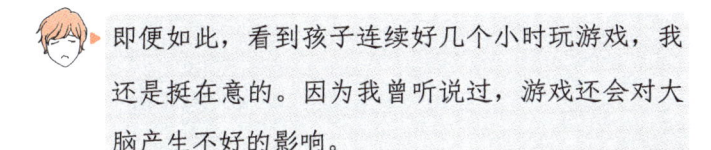

即便如此,看到孩子连续好几个小时玩游戏,我还是挺在意的。因为我曾听说过,游戏还会对大脑产生不好的影响。

虽然我本人不是脑科学领域的专家,但是我感觉大家是不是太听风就是雨了点。

您不担心会对大脑产生负面影响吗?

药物和酒精依赖有一定的存在比例。同理,有游戏依赖的孩子也会存在。不过,即使游戏已经如此渗透到孩子们的生活中,从整体来看,孩子的学习能力也并没有下降(参考40页,日本文部科学省·全国学习能力、学习状况调查)。我认为,虽然确实存在一些孩子因为玩游戏给大脑带来了不好的影响,但是**大多数情况下,大脑并不会被游戏打败**。

- 可是，不去做该做的事，反而去玩游戏，我感觉这不是个好兆头。

- 终于出现了！家长们都最喜欢说的一句话——"先做该做的事"。

- 这句话不能说吗？如果不做应该做的事却先去玩游戏，我认为这已经是失去自制力的表现了。

- **这是因为让玩家去热衷游戏、痴迷游戏，本来就是这方面的专家和从业者绞尽脑汁在做的事情。** 那么孩子会把该做的事一再推后，也就不稀奇了。

- 可是，像课后作业、备考学习这些应该做的事，我还是想让孩子优先去做……

"先做该做的事"真的是正确的吗

- "先做该做的事"这句话的问题在于，**它是命令的口气。**父母想用命令的方式让事情进展顺利，基本上是做不到的。

- 那应该怎么办呢？

您可以告诉孩子，有两个选项。一个是，先把课后作业和学习这些该做的事做完，然后再玩游戏。另一个是，先玩游戏再着手做该做的事。

我觉得，孩子绝对会选先玩游戏，最后把学习落下了。

哎呀，先别慌嘛（笑）。**在告诉孩子有两个选项之后，也要告诉他们不管选择哪个选项都有利有弊。**

把该做的事情延后，还有优点吗？

有的哦。因为玩游戏是件开心的事，所以孩子会毫不犹豫马上开始游戏。

这是优点？

当然是优点。没有损失一点时间（笑）。缺点则是"因为还留着一些必须要做的事，所以即使在玩游戏时也总是惦记着。最后结果还有可能是该做的事没有做成"。

与之相反的情况，优缺点是什么呢？

> 优点是，因为已经完成学习任务，可以心无旁骛、尽情享受游戏。缺点是，因为要先做自己不想做的学习任务，心态上不够积极。
>
> **问孩子想选哪个？让他自己决定。**我想大多数孩子都会选择先玩游戏吧。

> 这样做的结果就是，孩子学不成……

> 这一点也要事先跟孩子确认好。**如果这个方法不管用该怎么做？**要反过来吗？先学习后玩游戏？孩子或许会说："好的，那就反过来吧。"所以，要先试试看，如果实际操作中发现孩子疏忽了学习，再反过来做。

> 好有策略啊。

> 因为要跟游戏这个非常难处理的敌人做对手，<u>所以父母必须要有这种程度的策略考量</u>。重点是要获得孩子的承诺，再走下一步。不要单方面命令孩子。<u>要让孩子自己也参与到规则制定的过程中来</u>。只要做到这一步，孩子也会感觉"父母有好好考虑自己的想法，就算进行不顺利，只要转变方向就行了"。

> 这跟被家长一味斥责"不做该做的事"的感觉很不同呢。

> 是吧？**而且也可以两手抓**。如果不知道用哪种方法，那就两种都试试看之后再决定，也是可以的。

> 时间久了，是先做该做的事，还是之后再做，会发生改变吗？

> 这也是有可能的。孩子会渐渐发现"用这种方法感觉不是很顺利"并自己开始控制、调整。到这种程度的话，父母就可以安心放手了。对于自己的事，孩子已经能够自己思考、决定、执行了。这就叫作自律。

特殊的规则与惩罚

■ 规则

● 想要安装新游戏时，要向家人说明游戏的大致情况，使家人了解。

● 只能早上玩游戏。平时玩到 6 点，休息日玩到 7 点。孩子变得能早起了。

● 时间奖励票制度。加上看电视和视频，每周有 30 分钟 ×21 张时间奖励票。如果票有剩余，家长可以以每张 50 日元买下。

● 只有考完试的那天，可以尽情地玩。

■ 惩罚

● 取消上兴趣班时的车接车送。

● 第一次警告，第二次禁玩 3 天。

● 罚金制度。违规一次罚款 100 日元。

※ 摘自社交平台上面向读者的问卷调查

连续 7 小时玩游戏这一提案

> 我家现在定的规则是每天玩 1 小时，时间限制也需要跟孩子一起决定吗？

> 一般来说都要听一下孩子的意见。不过话又说回来，好像很多家庭都会限制游戏时间。但是我觉得**限制时间这种方式有点行不太通。毕竟网络游戏是很难在一个定好的时间点突然停下的。**

> 我儿子也总是跟我说"现在正连线呢"。

> 因为网络游戏是和别人一起玩的,没办法自己先走掉。

> **我们宝妈朋友之间管这个叫"朋友借口"**(笑)。因为孩子总是以朋友为借口,就是不乖乖停下。

> 一说到朋友,父母的气势就会弱下去。

> 是这样的。如果他因此变得和朋友疏远,我会觉得有点可怜。

> 以朋友为借口玩游戏超时,因为这种情况在实际生活中经常发生,所以规则早已经没法遵守了。这样的话,为了能让孩子遵守,我们不得不变更规则。比如,孩子跟朋友一起玩的时候,是否要在大家解散之前,同意孩子玩下去。

> 这种时候也要跟孩子讨论吗?

> 是的。父母可以多问问孩子"要按照这个规则来吗""因为对方还一直在线,就要连续玩2～3小时,甚至都吃不上饭,这样也没关系吗"。像

这样告诉孩子各种各样可能的情况，让孩子自己思考该怎么做。

就是把"球"交到对方手中的意思吧。

接到"球"的孩子会自己思考。比如"如果超过了1小时，就在20分钟内找到合适的时机结束"。父母可以回复："那就这么办。如果进展不顺利就再讨论。"

限制孩子的游戏时间真的好难。如果没有一定的条条框框，就会失去控制，但即使规定了时间，孩子也不会严格按照定好的时间点结束的。

如果孩子不能遵守每天玩1小时的规则，还有一个办法是，索性平时不让孩子玩游戏，然后等到周末的时候，让他玩够7小时。虽然每周玩7小时这一点没有变，但要让孩子集中精力玩7小时，他很可能都花不完这么多的时间，甚至会自己提出"已经玩够了"。

就是要更加灵活变通的意思。

<u>**每天玩1小时游戏，这绝对是对游戏不够了解的人**</u>

才能制定出来的规则。父母要建立一个不必顾虑时间、比较弹性的"浮动地带",其他日子可以根据这个"浮动地带"进行调整,这样效果可能会更好。

> 比如,像周二朋友都上线,那就只有那一天定2小时。类似这样?

> 没错。**孩子自己是不太会想到各种选项的。**这时候就需要父母从中协助,告诉孩子还有这样的做法,把所有选项都摆在台面上,让孩子自己思考和选择。

> 如果试着这样做之后发现不行,那就再给一些选择,让孩子再试试。

> 看来您已经懂我的意思了(笑)。

> 刚刚您说过,限制孩子的游戏时间是行不通的,但还是要有一定程度的限制比较好吧?

> 我觉得,**到初中为止,孩子还是需要限制时间的。**因为如果没有限制,那么大部分孩子应该就不会做除了游戏之外的事了。

无法停止玩游戏 之 结论

- 现在游戏的品质很高。单纯说是娱乐是不全面的。
- 把和游戏相处方式的选项及其优缺点各自罗列出来,让孩子自己选择。
- 限制时间是必要的,但需要灵活运用,才能进展顺利。

② 在游戏里骂人

> 孩子在战斗游戏里不断地喊"去死""杀掉"……
> 作为家长实在听不了这些谩骂之词,对游戏的内容也很担心

我非常担心儿子在游戏里的发言。自从学校停课开始,我儿子一直在网上玩打打杀杀的游戏。虽然好像是和班里的朋友们一起玩的,但我总是能听到"杀掉""你们都给我死"这样的危险发言不断从他的嘴里蹦出来。我不想让他把这种感觉带到日常生活中来。对于这类打打杀杀的游戏内容,我也非常担心。

斋藤真由美女士
孩子/初中二年级男生

孩子的世界在很久以前就充满了"去死""杀掉"

🙁 ▶ 在我们家,我丈夫也很喜欢游戏。对于儿子的危险发言,他并不在意,只有我自己焦虑不安。

🧑 ▶ **和游戏相关的担忧好像大部分都来自男孩子的母亲**。玩网络游戏的女孩子本身就不多。

👩 ▶ 确实,我女儿要么用手机拍照,要么玩 Ins㊀。

🧑 ▶ 当然也存在个体差异,但看起来男孩子的大脑构成好像跟游戏的协调性更高一些呢。

🙁 ▶ 我丈夫对我说"别管他"。

🧑 ▶ 我是赞成孩子父亲的。

👩 ▶ 男性是都不在意的吗?每天听儿子说"杀掉""白痴""去死"这些话,我真的感觉有点害怕。

🧑 ▶ **孩子说这些话时所想表达的情绪,并不会像父母想的那样严重。**

㊀ Instagram 的简称,这是美国公司推出的一款以分享图片为主的社交软件。——译者注

- 可是像"去死"这种话,不应该这么轻易地就从嘴里说出来吧?

- 那是当然的了。但是啊,这种话并不只出现在游戏里,漫画和动画片里也会大量使用。从以前开始就一直是这样。《假面骑士》《北斗神拳》《七龙珠》《鬼灭之刃》㊀,这些作品里都有"去死""杀掉"这样的话。

- 但是我对这些好像不会很在意。为什么独独对游戏会这么担心呢?

- 因为有真实感吧。**让人感觉好像并不是在虚拟世界里,而是在现实世界中真的产生了那种情绪似的。**不过这都是错觉罢了。

- 要真是杞人忧天就好了。

㊀《假面骑士》是非常经典的日本英雄特摄片,系列作品延续至今。《北斗神拳》是由同名漫画改编的经典格斗类科幻动画片。《七龙珠》是由同名漫画改编的日本经典热血冒险动画片。《鬼灭之刃》是改编自同名漫画,以日本大正时期为背景的少年热血动画片。——译者注

▶ 如果游戏中的"去死"真的会带来恶劣影响，那这个世界岂不是要天翻地覆了？

▶ 毕竟大家都在说"去死""杀掉"。

▶ 事实上，**青少年暴力事件的数量已经急剧减少了**。面对那些"受到游戏影响"的事件报道，家长可能会感觉很担心。但虽然游戏越来越普及了，实际上恶性暴力犯罪正在减少。虽然这仅仅是我个人的意见，但是我还是想说，游戏并不会产生父母所担心的那么恶劣的影响。

少年犯罪正在减少

（人）
横轴：昭和50年、昭和52年、昭和54年、昭和56年、昭和58年、昭和60年、昭和62年、平成1年、平成3年、平成5年、平成7年、平成9年、平成11年、平成13年、平成15年、平成17年、平成19年、平成21年、平成23年、平成25年、平成27年、平成29年

※根据令和元年版《犯罪白皮书》制成
※不满20岁的刑事犯的逮捕人数。平成14～26年里包含了危险驾驶致人伤亡的人数

有没有无视过孩子积极的话语呢

- 即使不会出现什么严重的问题,我也还是不想听到那些谩骂之词。

- 当然,我并不认为这是好的。如果能不说脏话的话,确实是再好不过了。

- 孩子目光炯炯有神地说出"去死"这种话,我真的感觉很不安。

- **建议不要对消极的话语反应过于敏感。**

- 装作一副不知道的样子比较好吗?

- 孩子的父亲不是说过"别管他"吗?消极的话无视就好。**就算跟孩子说"不要再说这样的话了",他们也不会听的。**

- 真是这样。每次都完全无视我(笑)。但是,我提醒了之后好像会稍微注意一点了。

- 这样做的结果是,孩子会挑父母不在的时候说。父母就看不到孩子的内心世界了。倒不如,当孩子说出"太好了""哇,我通关了"这类积极的话语时,父母也试着做出一些回应,怎么样?说不定可以从这个方面聊起来哦。当被问到"拿到了什么好东西"的时候,孩子自己肯定会非常得意。

▶ 这倒是一个打开话题的好办法呢。

▶ 如果无论如何都非常想提醒孩子的话,**先不要当场说出来,就像普普通通讲道理一样,找个其他机会跟他说会比较好**。比如,电视里谁说了脏话的时候,可以轻轻来一句"要是养成了说这种话的习惯,肯定会不分场合就说脏话吧"。而如果在孩子喊出"去死"的那一瞬间,父母就指责"你刚说什么话呢",这种方式基本上是起不到什么效果的。

▶ 原来我一直是在白忙活。

▶ 请家长千万不要误解,**刚刚说的这些都只是针对游戏里使用的话语罢了**。如果孩子说起某个同学"真火大,想杀了他",这时候家长就要提醒孩子了。因为这是在现实世界中从孩子嘴里说出了"杀掉"这一词。

在游戏里骂人之 结论

- 孩子并不会像父母担心的那样,将游戏和现实世界混淆。
- 相比孩子的脏话,父母可以多对其积极、肯定的话语做出反应。
- 当场提醒孩子的话会被他无视,找其他机会讲道理会更有效果。
- 如果孩子在现实世界中说出谩骂之词,则一定要重视,并好好提醒。

4 关于沉迷网络游戏的话题

③ 氪金问题

孩子偷拿父母的钱，在游戏里疯狂氪金，我被事情的严重性强烈打击到了

我明明告诉儿子禁止在游戏里氪金，但是他竟然偷拿我们的现金去买充值卡，往游戏里疯狂充钱。我本以为他不会干这种事，结果等我发觉的时候，已经太迟了，氪金的金额非常庞大。我知道之后就去盘问他，没想到他却装作一副什么都不知道的样子，我真的是太震惊了。我已经没收了游戏机，至于他会不会好好反省就……一想到他之前又撒谎又装不知道的样子，我好像没办法再相信他了。我现在真的是一筹莫展，不知道该怎么办才好。

田中优子女士
孩子 / 小学六年级男生

什么样的孩子会背着父母氪金

- 我也有两个儿子,不过我家并没有禁止氪金。

- 欸!?这样的吗?我一直觉得孩子在游戏里充钱是绝对不行的。

- 孩子用钱不好吗?

- 肯定不好啊。用起来没有限度的。

- 我家这俩儿子,就是在零花钱的范围内计划着用。

- 我家儿子应该不行。事实就是他在游戏里花了很多钱。

- 禁止氪金是您跟您儿子沟通之后决定的吗?

- 不是,**氪金是不在讨论范围的,是我直接告诉他这是"绝对禁止"做的事。**

- 那发展到现在这么严重的状态,可能就是这个原因。

> 难道不可以禁止吗？

> 因为这是出于田中女士您的考量，我并不是说不可以。只不过，有的孩子在面对"花 200 日元就能获得这件物品"的时候，那种无论如何都想得到的欲望更胜一筹罢了。然而，父母已经说了不行，那该怎么办？**那就悄悄买、偷偷做。**

> 我一直以为，孩子不会去做这种事。

> **您家孩子应该是不会轻言放弃的类型。**试过一次之后发现一切都很顺利，不知不觉就会一次接一次地尝试，最后就变成在游戏里花了一大笔钱。

> 我拿着证据去质问他，他居然说"不是我""不知道"，我真的差点想哭。

> 我想，大概您儿子内心也很动摇吧。自己闯了大祸，却不知道该怎么办。毕竟还是小学生，会选择装作什么都不知道的样子，简直太好理解了。（笑）

> 您这么说，我感觉好受多了。

> 有可能越是跟孩子说不行，孩子就越是想要反抗。

有氪金问题的案例

- 用家庭共用的平板购买游戏付费商品，总额达到100万日元以上。因为平板上登录着父亲的信用卡账号。

- 父母不在家的时候，拿出信用卡登录并氪金。因为和孩子在一起玩的朋友也登录了同样的信用卡信息，所以只好把信用卡停掉了。

- 为了氪一次金，登录了信用卡信息，之后又氪金了30万日元。在确认年龄的页面选择了"20岁以上"的选项。

- 虽然已经氪金了好几十万日元，但是因为孩子会悄悄把付款完成的邮件删除，父母发现时已经太迟了。

※ 来自日本国民生活中心咨询案例

使用零花钱氪金是不可以的吗

▶ 但是，我还是觉得孩子在游戏里花钱不是一件好事。

▶ 氪金=坏事吗？只要孩子在零花钱的使用范围内

花钱，不就没什么问题吗？

> 可是，氪金行为是会逐步升级的啊。

> 如果说孩子偷偷做被禁止的事，那意味着根本就没有任何限制。不过，如果给孩子限定一个零花钱的使用范围，或许就能够控制住。

> 是这样吗……孩子真的能在零花钱的范围内花钱吗？

> 我认为**氪金本身并不是一件坏事**。但是我也并不认为孩子就可以无限制地充钱。所以，在我家就定下了在零花钱的使用范围内氪金的规定。

> 这应该跟用零花钱买漫画、零食是一个道理吧。

> 您说得没错。不过确实，<u>一旦在网络世界里跟金钱挂钩，那它有时真的很危险，跟买漫画的危险程度根本不在一个级别。</u>

> 我就说嘛！我很担心这一点。

> **尽管担心，但父母对具体情况真的是太不了解**

了。仅仅是对孩子下了一个"禁止"的命令就放心了。这不过都是父母的幻想罢了。

> 幻想吗……

> 比如，如果双方规定"在零花钱的使用范围内花钱是可以的"，那么氪金可能会变得失控，还有可能被孩子掌握自己的隐私——这些事情一定要提前跟孩子沟通好。

> 也就是说，**既不能太紧，也不能太松**的意思？

> 对于游戏、对于氪金，父母最好要了解一下最基本的知识。然后，要和孩子进行充分的沟通。让孩子在零花钱的范围内氪金也可以；跟孩子说"氪金之前要提前跟大人打声招呼"，这样也行。并不是用长辈的身份强行要求孩子，而是尽量表达自己的感受，比如"我真的很担心发生这样的事情"，我想这样孩子更会把父母的话记在心里。

> 那还是要和孩子充分地沟通交流。

> **如果您平时经常跟孩子交流，往往很容易发现"有些不对劲"的地方。** 要重视父母的直觉。

游戏中的氪金问题之 结论

- 请舍弃「氪金＝坏事」这种先入为主的观念。
- 因为禁止，反而导致酿成大祸的情况也有不少。
- 对网络氪金问题，父母要有最基本的认知。
- 不要命令，要向孩子传达担忧的心情并进行交流。

> 总结 "游戏 = 给孩子不好的影响"，
> 请质疑这种先入为主的观念

有很多孩子用专用的设备来玩游戏。特别是男孩子尤其喜欢，大概从小学低年级到中年级这个阶段，他们就有游戏机了。他们当然也喜欢自己玩，不过在小学的时候也会崇拜那些玩得好的同学，还会把游戏连到电视机上跟朋友一起对战。等他们长大一点之后，在手机和平板上玩网络游戏的情况就增多了。

看到自己家孩子这样，很多家长都会有些焦虑。孩子到底要玩到什么时候？游戏占据了孩子大部分时间，导致他们都没空去做该做的事了。孩子不再学习，成绩下降，视力也下降了，好像对大脑还会有不好的影响。甚至孩子还特别兴奋地发出"去死"之类的喊叫声。种种担忧，难以细数。

游戏，本质上就是为了让人上瘾，由专业人士倾尽全力制作出来的东西。因此如果放任不管，大部分孩子都会沉迷其中。所以，对于自我控制能力还比较弱的中小学生来说，设置一定的规则，例如，"限制使用时间"等肯定是有必要的。

不过，我并不认为游戏有什么不好，也并不认为氪金是什么大不了的事情。当然肯定有很多人并不这么想。一直以来，媒体对游戏的报道，要么就是玩游戏会伤脑，要么就是游戏会引导人走上犯罪道路等，难怪大家都这么看待游戏。可是，这类事件其实都是少数中的少数。**大多数孩子会在父母的关注与提醒下，或者与朋友发生口角的过程中，主动学会与游戏中的坏习惯保持恰当的距离。**

现在的很多游戏，对玩家会有很高的要求。玩家必须进行推理、思考，甚至和共同参与者进行交流。有些还需要玩家具备经济、法律、历史、自然科学等方面的基础知识。这跟父母这一代的游戏构成是完全不一样的。而且，**游戏对于孩子来说，已经是非常重要的社交工具。所以我想，不分青红皂白地否定游戏，真的好吗？**

● 对于游戏，父母要掌握最基本的知识

我认为，解决游戏问题的关键在于父母不再焦虑。**孩子如果有在好好遵守规则，父母就不会再焦虑不安，家庭氛围一定会非常和谐。**并且，**在了解了游戏内容和氪金系统之后，父母也不会再因为孩子的各种把戏而加**

剧内心的不安，让自己一直处在高压之下。由此看来，制定父母和孩子都能够认可的规则和惩罚，同时父母拥有最基本的游戏知识，这两者缺一不可。

与此同时，我希望父母可以花更多的时间在自己的兴趣爱好上。孩子的事固然很重要，但也要匀出时间让自己开心。父母也要多关注自己的事情。我们可能很难去强行改变孩子的行为，但我们可以先改变自己。如果把倾注在孩子身上的10分心力减到7分，我们对孩子的态度也能够更加从容。每天不再被家长唠唠叨叨，孩子也会感到很高兴。说不定，还会觉得父母的话有一番道理，比以往更容易接受了呢。

● **以看待别人家孩子的视角来发现自家孩子优秀的一面**

我常常会建议家长"试着把自己的孩子当作别人家的孩子来看待"。因为如果父母对"希望孩子活得幸福"这件事执念过强的话，很可能会变得目光短浅。

假设，我们从宝妈朋友那里听到这样一句话："我家孩子老是打游戏。"但是，从你的角度来看，并没有发现这孩子像朋友描述的那样，处在一种人生好像要彻底失败一般的危险状态里。那你大概会说："但是×××，不是在参加社团活动的时候很努力吗？""而且总是跟我大声打招呼。真是好孩子。"这些绝对不是什么交际寒暄的说辞。"总是打游戏的自家孩子"，从别人的视角来看，就是"积极参加社团活动、讨人喜欢的好孩子"。

如果在吃饭的时候，你刚跟孩子说过"把杯子放在餐桌的边缘会很危险"，然而孩子还是把杯子弄倒了，水洒得到处都是。这时候你肯定会斥责孩子："我刚刚怎么说的！自己擦干净！"可是，如果这一切是孩子朋友做的，你又会怎么样？你肯定会一边着急拿抹布，一边关心地说："没事吧？弄湿了没？"虽然发生的是同样一件事，你的应对方式却完全不同。

自家孩子当然还是自家孩子，不是别人家的小孩。不过，父母偶尔也可以试着把自己的孩子当作别人家的来对待。这样的话，孩子的自主性、渴望成长的心情以及对别人的关心，这些平时难以看到的一面就能一一感受到了。对于游戏，父母也能不再局限于遇到的问题和自己的不安，还会意识到游戏对孩子来说是一种乐趣，同时也是一种非常重要的交流工具吧。

专栏 4 让孩子们着迷的网络游戏，父母也应该事先了解一下大致的特点

网络游戏中是很难独自退出的

通过连接电视机的家用游戏机，尽情享受战斗游戏或角色扮演游戏。父母这一代关于游戏的体验，我想不外乎如此。但如今，孩子们都热衷的网络游戏已经完全大变样了。

网络游戏通过接入互联网，可以跟很多非固定的玩家接触（在游戏中不用本名，而是互相叫昵称）。这种游戏有的需要和朋友组队来跟别的队伍竞争，有的需要通过语音聊天的方式一边说"往这里走"，一边进行游戏。因此，比如说在竞技逃生类的游戏里，玩家在战斗过程中想要一个人单独离开是不行的。

对孩子们都很喜欢的人气游戏，请父母试着一窥究竟。一方面，游戏中的一些部分内容可能会令父母忧心忡忡，比如论坛上的个人信息就这么毫无防备地暴露在眼前，很有可能会被人滥用等。而另一方面，游戏视觉上的美观度、超高的完成度和结构的复杂度或许也会让父母赞叹不已。

氪金是游戏公司重大的收入来源

在家用游戏机上安装软件的时代,与游戏相关的花销就是购买软件的费用。而在网络游戏时代,这样的花销却越来越少了。那么,游戏公司是怎么赚钱的呢?

像操作比较简单的解谜类游戏,游戏里展示的广告是其一大收益来源。然而,像孩子们都沉迷其中的复杂的网络游戏,却基本上看不到广告。不仅如此,在更多的情况下,游戏是能够直接免费玩的。不过,在抽奖池(类似抽签的东西)抽奖或者购买装扮人物外观之类的这些附加要素,都是需要钱的。这些就叫作"氪金"。

氪金除了可以用信用卡支付,也可以在便利店等地购买预支付的电子货币,然后在游戏相应的界面上输入它的编号进行充值。

氪金的诱惑,往往会以一个绝妙的金额,在一个恰好的时间点到来。如果父母仅仅是喊一声"禁止",那可能还是会有孩子要反抗吧。

(部分在孩子中很有人气的网络游戏)

APEX 英雄

以打倒敌方队伍,成为最后一支存活队伍为目标的竞技逃生游戏。特点是需要三人组队发起战斗挑战,一个人玩不了。性格迥异的三人组合也是玩游戏的关键所在。

堡垒之夜

把100名玩家分散在一个岛上进行战斗的竞技逃生游戏。最后剩下的玩家是优胜者。可以一个人玩,也可以多人组队玩。

第五人格

玩家自己选择成为监管者(追逐)或求生者(逃跑),目标是一边解谜一边从门里逃出。神秘的故事和暗黑哥特风的美术设计都极具特色。

部落冲突:皇室战争

玩家一边操纵手上的卡牌,守护己方阵营塔,一边打倒敌方阵营塔的卡牌游戏。在三分钟的对战时间里,破坏敌方阵营塔更多的一方获胜。

5

话题 关于使用社交App而产生麻烦的

用手机欺负人

> 孩子在群聊里被恶意散播谣言，导致朋友不相信他，令他深受伤害

在初中一年级学期结束的时候，儿子在足球部和一位同学因为场上位置的问题发生了争执，结果这位同学直接在网上开始找碴，让人不痛快。他在群聊里发了一些无凭无据的话，说什么有学生退出社团是因为被我儿子欺负之类的。这位散布谣言的学生好像还出现了其他问题，在上二年级的时候退出社团了。虽然最后大家都解开了对我儿子的误会，但是那段时间儿子因为社团的朋友都不相信自己说的话，一直感觉特别受伤。

伊藤爱女士
孩子 / 初中二年级男生

需要父母介入的网络欺凌的前兆是什么

▶ 通过手机进行欺凌,会因为信息扩散导致非常严重的后果。

▶ 是的。虽然最后事件得到了完美解决,但是当时我真的特别苦恼,不知道该怎么办才好。

▶ 还有一个令人困惑犹豫的点在于,父母并不知道事情的严重程度,**也不清楚孩子之间的纠纷是不是都要一一介入。**

▶ 是这样的。另一方面,我也会想,要是事情越闹越大该怎么办。

▶ 像伤害自己或伤害同学之类的例子,新闻中有时也会报道呢。

▶ 以前学校也会有欺凌或者找碴这样的事情。但是父母一般都会抱着"小孩吵架,大人不参与"的态度吧。总之基本都平息了。可是现在,**父母明显有了一种不安感,那就是如果自己不及时出面,事情会不会演变成一发不可收拾的局面。**

> 您想说的是，父母应该在什么阶段介入，是吧？

> 让孩子自己解决的话，要是事情越拖越严重，导致孩子没法去学校，就麻烦了。

> 伊藤女士，您知道海因里希法则吗？

> 没有，我还是第一次听说。

> 一件重大事故背后有29件轻微事故，轻微事故的背后，还有300件是并未造成事故的"虚惊一场"。那些演变成新闻事件的欺凌，可以被认为是"重大事故"。不过绝大部分欺凌都属于"虚惊一场"。所以实际上造成严重影响的案例还是比较少的。

> 就算您这么说，我还是不知道这件事情到底能不能在"虚惊一场"的阶段就收住呀。

> 确实如此。所以我认为，**父母的出手时刻应该在"29件轻微事故"这个阶段**。最开始，父母可以交给孩子自己去处理。但是，如果感觉到"这已经可能要超过'虚惊一场'的范畴了"，这时候父母就需要考虑自己出面了。

👩 ▶ 但我该怎么把握这个时机呢？

👨 ▶ 具体情况要具体分析，其中一个推断的节点是，跟孩子聊天的时候，父母会不会感觉"有点怪怪的"。

👩 ▶ 这，我真的能感觉出来吗？

👨 ▶ 我虽然不敢打包票，但如果父母和孩子平时就经常交流的话，大多都能感受得到。**当您有一种违和感，感觉"咦？怎么回事？"的时候，就一定要引起特别注意了。**

👩 ▶ 呃，我不知道能不能感觉得到。

👨 ▶ 如果平常经常和孩子聊天的话，还真的能留意到对方有心事。**反过来说，这也是可能察觉到孩子内心的唯一方式。父母也不可能每天查孩子的手机吧？**

👩 ▶ 我还真有查手机的想法（笑）。

👨 ▶ **如果您真这么做了，那孩子对您的信赖就降到零点**

5 关于使用社交App而产生麻烦的话题　157

了。以后不管发生什么事，孩子都不会告诉您了。
当然要是孩子同意父母查手机的话，那就另说了。

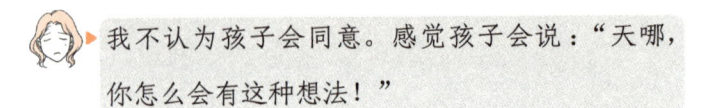

> 我不认为孩子会同意。感觉孩子会说："天哪，你怎么会有这种想法！"

> 首先，察觉到孩子的样子有些奇怪时，不要无视自己的直觉。这是一切行动的第一步。

关于网络的各种欺凌和纷争的实例

- 一位小学生在使用学校发的平板的聊天功能时，被人发送了大量"烦人""恶心"等词汇，导致其最后自杀。
- 半开玩笑地把充满性意味的照片发到社交 App 上。结果照片被大肆传播，发布人的名字和学校名都被扒了出来。
- 被社交 App 上认识的女性（实际上是男性伪装的）的花言巧语诱导，发了自己裸体的视频。
- 女初中生向社交 App 上认识的男性倾诉烦恼，对方以讨论解决办法为由，把女生引诱出来，带回了自己家。

让欺凌无所遁形的闲聊技能

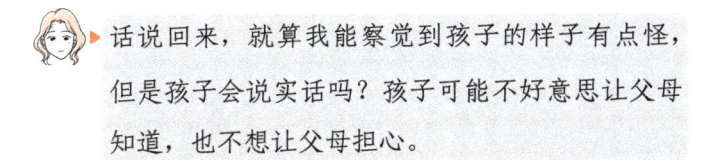

> 话说回来，就算我能察觉到孩子的样子有点怪，但是孩子会说实话吗？孩子可能不好意思让父母知道，也不想让父母担心。

> 这样想的孩子应该不在少数。所以我说，闲聊非常重要。

> 闲聊？

> 因为很担心孩子发生了什么，所以父母一般都会问孩子"你怎么了？"这句话吧？

> 是的。我一般会问"你怎么了？有什么烦恼吗？"之类的。

> 然后孩子要是能接着说出"其实……"，那就完美了。然而，一些孩子是没办法这么轻松地说出来的。所以父母可以在吃饭的时候，试着问孩子："你们学校里有孩子在网上被欺负吗？""最近你们同学之间都用手机聊什么？"**不要问孩**

子：<u>"你没事吧？"尽量用平常聊天的方式打开话题</u>。

- 总感觉，孩子会看穿我的心思……

- 好好藏一藏（笑）。不要太直白地问，尽可能营造一个聊天的氛围。几句话也行，让孩子能自如地说出来。

- 那，孩子要是说"学校里有人这样那样"之类的话，这时候就该轮到父母提问了吧。

- 再等等看。回孩子一句，"这样啊，现在还有这样的事呢"，然后就刹住。尽量不要聊得太认真，保持在一个话题更容易进行下去的氛围里。<u>如果父母太严肃，孩子可能就不再往下接话了。</u>

- 孩子要是情绪不好，我一般都会忍不住问他："朋友之间发生了什么吗？"

- <u>您是急着打了个直球啊</u>。我觉得以后这种话还是尽量避免吧。为了掌握孩子的情况，就要<u>通过闲聊把话一点点问出来</u>。

- 感觉很需要技巧呢。

- 以课堂教学为例，有老师常说"不懂就问"。然而，事实上能自己提问的孩子少之又少。当老师不确定孩子是否理解时，就必须由老师主动继续跟进。这时候，如果直接问孩子"你是不是不懂"，大概率孩子会回一个"不，我懂了"。毕竟孩子自己也是有自尊的。

- 石田老师是怎么跟孩子搭话的呢？

- 千万别摆出一副担心的表情，**问一句"进展怎么样？"来稍微试探一下**。接下来，孩子大概会回一句这样的话："这里我明白了，但是从这里开始的内容，我还有点……"但这件事情，如果不是平时就一直这样做是不行的。

- 并不是只有必要的时候才进行这种试探吗？

- 是的。如果**父母平时就经常关心孩子"最近怎么样？"，那么孩子在遇到困难的时候，就更容易说出真心话**。虽然不会絮絮叨叨地聊天，但是父母平时要好好观察孩子的样子，一旦发现不对劲，就要营造一个易于聊天的氛围。我认为，这是一切的基础。

> 现在好像也有那种特别难以界定的网络欺凌方式……

> 这的确是个挺难的问题。可以说**目前并没有100%正确的应对方法**。不过，在多数情况下，还是有一些前兆的。父母一旦抓住了"有点奇怪"的前兆，就要想办法考虑对策。

> 对策也包括父母出面应对这一项吧。

> 好像已经不仅仅是"虚惊一场"了，虽然现在看上去是"轻微事故"，但也可能会发展成"重大事故"——**如果感受到事态恶化，就不能撒手不管**。所以，即使是暂时交给孩子自己应对，根据情况的变化，父母最好也要有立刻站出来的准备。

正确闲聊：

父母：回来啦。今天有蛋糕哦。想吃吗？

孩子：哇，好好吃的样子。

父母：妈妈刚刚吃过了。你也赶紧吃吧。

孩子：哇！好治愈啊。

父母：甜品真的像是能量充电站啊。

孩子：真的。感觉心情好像好多了。

父母：所以，妈妈我啊要是遇到什么事，就会大吃大喝一顿。

孩子：其实，我今天也遇到了一件讨厌的事情……

错误责问：

父母：回来啦。今天在学校怎么样？

孩子：没什么。

父母：没什么是什么意思。和朋友相处得还好吗？

孩子：好着呢。

父母：我在电视上看到，现在网络欺凌的情况挺多的。你班上还好吧？

孩子：还好。

父母：好像还会有那种做事特别过分的孩子，妈妈有点担心。

孩子：都说了还好。没有什么。

5 关于使用社交App而产生麻烦的话题

也有告知学校后导致事态恶化的情况

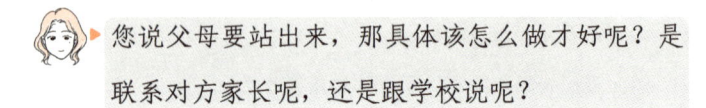

> 您说父母要站出来,那具体该怎么做才好呢?是联系对方家长呢,还是跟学校说呢?

> 这也要具体情况具体分析。

> 具体情况具体分析什么的,感觉是最难的。

> 有一点可以确定的是,**保护孩子是最重要的**。父母要守护好孩子的内心,治愈孩子伤痕累累的感情。为此,休学或者转校都可以。是否有必要做到这一步,那只能取决于父母自己的判断。

> 换作是我的话,我应该会先跟对方的家长谈一谈,如果还不行,再告诉班主任吧。要是事情还没有改善,应该会让孩子休息一段时间,看看情况……

> 在这个阶段父母已经掌握了纷争的情况,所以最好是**一边跟孩子沟通,一边处理应对**。

> 您是说,不能只靠父母判断决定吗?

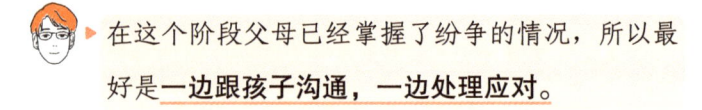

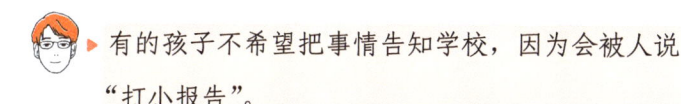

- 有的孩子不希望把事情告知学校,因为会被人说"打小报告"。

- 啊,好像是有这样的。有的班主任也挺不靠谱的。

- 这取决于老师是否值得信赖了。虽然校园暴力应对指南上通常会写"把欺凌的事情报告给学校吧",但如果老师的处理方式不当的话,也有可能会加剧事态的恶化。

  我认为,**对于欺凌的处理方式,也要提前考虑好多个方案**。比如,先让孩子自己处理,如果实在痛苦再告诉父母的方案,委托老师来解决的方案,或者父母和孩子一起直接跟对方孩子见面的方案等。父母和孩子一起沟通决定采用什么方式往下进行。

- 这可以说是无关网络,而是针对所有欺凌问题的应对方法了。

- 如果只用一个方案向前猛冲的话,当遇到不顺利的情况时,就没有逃跑的线路了。因为我们的**目**

的是让孩子能够快乐地上学，一条路走不通那就换一条。 手机的规则也是一样的，这个进展不顺就换个别的方法。

班主任靠不住的时候，父母该怎么办

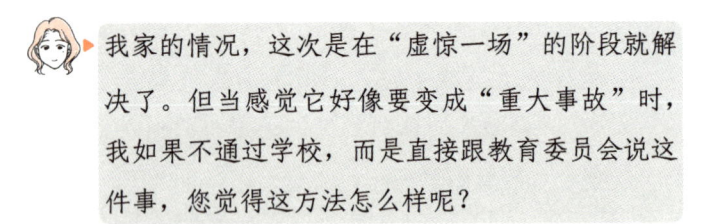

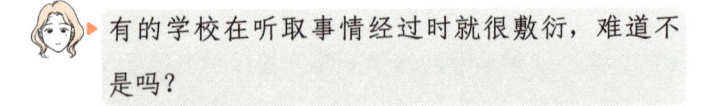

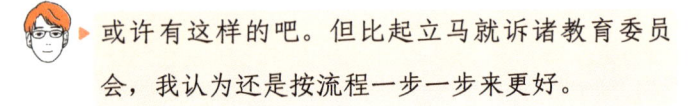

> 我家的情况，这次是在"虚惊一场"的阶段就解决了。但当感觉它好像要变成"重大事故"时，我如果不通过学校，而是直接跟教育委员会说这件事，您觉得这方法怎么样呢？

> 您是不相信学校的处理方式吗？

> 有的学校在听取事情经过时就很敷衍，难道不是吗？

> 或许有这样的吧。但比起立马就诉诸教育委员会，我认为还是按流程一步一步来更好。

> 您说的流程是？

> 首先告诉班主任。如果没有改善就告诉年级主任。接着按顺序跟教务主任、校长**一个个谈话**。

一般来说，在这其中的某一个阶段，问题就能得到妥善处理了。

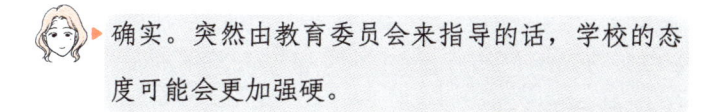

> 确实。突然由教育委员会来指导的话，学校的态度可能会更加强硬。

> 很遗憾地说，日本有的学校为了"明哲保身"，会不承认欺凌的存在。如果教育委员会出面也没用的话，就只能媒体……

> 欸！要求助媒体吗！？

> 如果欺凌的事情都被大众媒体或网络媒体知道了，那学校也就不得不应对处理了。不过，走到这一步的基本都是相当严重的案例了。在全日本的学校里发生的大量纠纷事件中，每年或多或少大概会有那么几件。

> 是的。虽然之前已经说过一遍了，但**在到达这个阶段之前，孩子身上出现的征兆，确实只有父母才能够捕捉到。**一旦感知到这种征兆，父母一定要巧妙地从孩子那里把话套出来，随后应对。尽管交给孩子自己应对也可以，但父母平时也要营

造一个融洽的氛围，当孩子没办法自己搞定的时候，还能找父母聊一聊。

认为"孩子不说，是因为青春期"，这种自以为是的想法很危险

> 总而言之就是说，闲聊非常重要。

> 没错。平时要多跟孩子聊天，这样在遇到事情变得不对劲的时候，就能立刻发现。

> 但**孩子到了青春期，就变得不爱和父母说话了，父母多说两句还会被孩子嫌啰唆。**

> 如果因为孩子到了青春期就担心孩子会变得不爱说话的话，父母有点杞人忧天了。但是，如果孩子真的不爱跟父母讲话了，或许根本就是因为父母本身并没有做到经常和孩子闲聊罢了。

> 难道不是因为孩子在青春期，所以说不上话吗？

> 闲聊，双方立场必须要对等。在公司里您肯定不会想要去和老板闲聊，但和同事一起的话就

会了。因此,"父母高高在上"的态度肯定是不行的。

> 但是,父母和孩子的立场本来就是不同的啊。

> **跟孩子的立场有所不同,这当然是事实,但是青春期的孩子并不这么想。**抱着"我来教育你"的态度跟孩子聊天,是没办法让他们敞开心扉的。**不要再命令或者说教了,多聊聊天气和食物吧。**毕竟在这些话题中不存在什么"上下级"的关系。

> 确实,每天关注着孩子身上的各种事情,稍不留神就想着要教育他了。

> 可能就是因为这一点,孩子不再愿意和父母交流了。而如果每天都聊一些无关紧要的话题,孩子一旦有什么变化就能立刻捕捉到。**不光是在学校遇到的麻烦,像在社交 App 中受到网暴,或者通过网络跟可疑的人聊天等**,如果父母平时有和孩子闲聊的习惯的话,这些事情都能更容易掌握。

- 做父母真不是一件容易的事情……

- 当然,在多数情况下,父母会很快发现孩子的"奇怪"。毕竟连我这个只在补习班见孩子的人,有时候稍微和孩子聊一会儿,都会发现不对劲。更别说一直期盼孩子幸福的父母了。

- 眼睛有点湿润了。感觉不管发生什么,我都能加油干下去了。

- 但是,我也不保证说,一定能发现啊(笑)。

用手机欺凌 之 结论

- 感觉『有点奇怪』的时候要格外注意,不要错过孩子的变化。
- 别直接问孩子,要装作平常聊天的样子把话『套出来』。
- 平常多跟孩子闲聊,能更容易察觉出孩子的『求救信号』。
- 处理麻烦的时候,要多备几个方案。

5 关于使用社交App而产生麻烦的话题

> 总结
>
> **每天和孩子"闲聊",可以很容易察觉他们是否遇到网络上的麻烦**

网络欺凌程度升级导致当事人陷入自杀的绝境、被在社交 App 上认识的人要求拍裸体照片并发送给对方、被人用花言巧语骗出来卷进了犯罪事件——这些跟网络相关的欺凌与问题事件的报道,都让父母震撼不已。父母一心在想,自己家孩子绝对不能遭遇这样的事,不论做什么都要防止这种事情发生。

实际上,有这样严重遭遇的都是极少数。这次,从面向我的博客和社交平台上的读者群体的调查问卷来看,在 133 名中有 7 名(5%)读者曾经遭遇过网络欺凌或者骚扰。走到不上学这一步的孩子有 1 名,剩下 6 名都是在事件的小打小闹阶段就得到平息了。

不过,即使数量很少,也还是会有孩子被卷进比较严重的麻烦里。这时候,父母应该怎么做,正是本章涉及的主题。

很遗憾,这世上还是存在怀有恶意甚至本身就邪恶的人。因此,**父母在把手机交给孩子的时候,一定要认认真真地告诉孩子,如果手机使用不当的话可能会**

卷入麻烦之中。"当面说不出来的话，就不要写到网上去""网上可能会遇到假装无害的人""不要心思单纯地把隐私发到网上"，等等。这些最基本的网络常识一定要一一教给孩子。虽然在孩子看来，或许这些"糟糕"的事情，他们知道得更多，但父母把自己的这份担忧传达给孩子也是很重要的。

接着，<u>当问题一旦出现的时候，最重要的一点就是"注意到"</u>。在此基础上采取"适当并且迅速的对策"。做到这一点其实没那么简单，但只有做到这一点我们才能从那些可能会让人生幻灭的麻烦中，守护好孩子。

● **用大众热点话题向孩子"套话"**

第一步，尽量早一点发现问题。要察觉到"不对劲"。为此每天要跟孩子交流。我建议家长多基于平等的关系聊一些轻松的话题，也就是闲聊。

"学习了吗？""要玩游戏到什么时候！""快去洗澡！"这些都是"高高在上"的说话方式。虽然父母肯定有不得不这么说的时候，但日常的对话里还是尽量聊一些关系对等的话题。比如，食物、天气、电视节目等。<u>像这样的话题聊得多了之后，就能很快察觉孩子细微的变化了。</u>

如果感觉到有哪里不对劲的地方，则要慢慢地让孩子把情况说出来。有些孩子会立刻把心里的想法和盘托出，而有些孩子面对直接的追问，反而嘴巴闭得非常紧。父母一定要试着运用语言转换的技巧，不是聊"关于孩子的话题"，而是聊"日常生活中很普遍的话题"，以此来展开谈话。例如，"现在好像还有这种事呢""你们班上有喜欢欺负别人的孩子吗"，等等。

千万不要因为太担心，就偷偷检查孩子的手机。发现可疑的对话之后去质问孩子的话，一下子就会暴露自己擅自检查手机的行为。孩子知道父母偷看自己手机之后，多半会变得不再信任父母了。其实父母也可以在交给孩子手机的时候，定一条这样的规则："平时绝对不看你的手机，但是为了预防以后有什么事发生，就不设置屏幕锁定和密码了。"当然，定这条规则的前提是孩子也了解并同意父母的这一行为。

● **不要只有父母下判断，也要尊重孩子的意愿**

在掌握了事件的前因后果之后，接下来就是处理应对了。不管是暂时交给孩子自己应付、父母出面解决，还是和对方直接谈判、告知学校或警察等，根据事件的内容和性质不同，应对策略也会改变，但是具体该怎么做，最好要跟当事人，也就是孩子本人，好好讨论一下。如果是和学校相关的纠纷，有些孩子会求父母不要告诉老师。因为在孩子的世界里，需要随时关注周围环境，一边维持平衡一边生存下去的到头来还是孩子自己。希望父母不要忽略孩子的这种感受。多准备一些预案，进展不顺利就换别的处理方法，保持一定的灵活性。

当孩子卷入非常严重的事件中时，父母最重要的是保护好孩子。为了治愈孩子受伤的心灵，父母不止可以为孩子战斗，带孩子逃离也是一个选项。 休学或者转校都可以。如果父母判定这事不能保持沉默地看着它过去，那就尽全力保护好孩子吧。对有些孩子来说或许并不致命的伤害，对另一些孩子来说，可能就已经是无法忍受的巨大压力。能够看透这一点的，就只有倾注所有感情疼爱孩子的父母自己了。

专栏 5

通过社交 App 与外面世界相连的孩子们，需要特别注意的情况究竟是怎样的

容易牵扯到欺凌和犯罪上的问题有增加的倾向

手机上的欺凌和犯罪，大多是通过社交 App 展开的。在群聊中被人恶语相向、利用私信功能和不认识的人聊天等，这些行为似乎是一切的开端。

人们接触手机和平板的时间增加，随之而来的是，冲突纷争也有了增加的倾向。根据东京都的调查来看，在和手机相关的问题中，父母感到"有所增加"的项目如专栏结尾处的图表所示。长时间连续使用手机、氪金、通过电子邮件和社交 App 跟朋友闹矛盾、个人信息泄露、诽谤中伤的言论等，这些可能牵扯欺凌和犯罪的问题正在不断发生。另外，虽然数量不是很多，但也有人回答，跟网上认识的人见面、收发只穿内衣或者裸体的照片及视频这两项。

虽然有半数的父母都设置了过滤功能……

同一项调查表明，针对孩子是否用手机通过社交 App 跟不认识的人交流这一项，回答"有过"的比例在小学高年级里占 16.5%，初中生里占 17.8%，高中生里占 19%，基本上没有太大差别。但是这组数据是基于父母已经了解的情况下。而回答"不知道"这一项的比例，

则是随着孩子年龄的增长越来越高,高中生的父母中有41%的人回答了不知道。虽然有50%以上的中小学生以及约35%的高中生父母会设置过滤功能,但是考虑到之前在第三章中有提过,不少孩子会使用特殊软件解除限制,由此看来父母能做到的预防对策似乎也是有限的。

所以说,平时多和孩子交流、不放过孩子任何的细微变化,这样的态度对于预防问题的发生有着多么重要的意义。各位家长应该再次体会到了吧。

顺便说一下,这次调查还询问了日本小学生都在使用哪些社交App。结果来看,绝大多数选择了LINE(70%)。这大概是因为其他社交App(Twitter、TikTok、Instagram、Facebook)都有未满13周岁不得使用的限制。(即使如此还是有大约10%的人在使用。这应该就是办法总比困难多的体现吧。)由此可以窥见,对日本的孩子们来说,LINE已经是重要的沟通工具了。

(父母感觉"这些问题增加了")

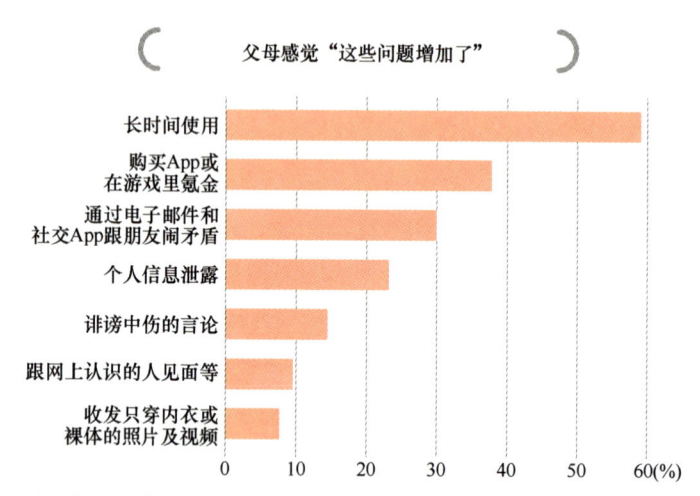

问题	百分比
长时间使用	~58%
购买App或在游戏里氪金	~38%
通过电子邮件和社交App跟朋友闹矛盾	~30%
个人信息泄露	~23%
诽谤中伤的言论	~15%
跟网上认识的人见面等	~10%
收发只穿内衣或裸体的照片及视频	~8%

关于青少年在家使用智能手机等的调查（2021年4月发表 东京市民安全推进总部）
调查对象：2000名长住东京并且拥有手机等的小学生至高中生的监护人

6

通过手机提高了成绩！仿佛谎言一般的真实案例

通过手机提高了成绩

案例① 每年操心的自由研究㊀，利用手机之后，评价大幅度提升

每年，女儿都操心暑假的自由研究。然而，在拿到手机的第一个暑假里，女儿试着利用网络搜索完成研究时，得到的评价竟然大幅度提升了。这次的研究主题是气候变化。女儿好像不仅调查了世界的气象实况和各国的应对措施，而且还了解了一下论文的写作方法以及初中生的研究情况。虽然学校也会教关于气候变化的内容，但通过手机查出来的知识会讲得更深一些。和我自己的初中时代比起来，如今孩子的信息收集能力之高，真是令我瞠目结舌。

山本惠女士

孩子 / 初中二年级女生

㊀ 日本从小学到高中普遍开展的一项学生自主探究性学习活动，是一种由学生自我确定主题、发现问题、寻找解决方法的开放性暑假作业。——译者注

案例② 从小学一年级开始使用手机，现在小学六年级已经具备解读时事问题的能力

儿子是小学一年级的时候就有了手机。在看了战斗机的视频之后，以此为契机，他在相关网站把世界的国旗都记住了。举行选举的时候，他会自己思考并决定想要支持的候选人，还会看选举讨论会。他甚至还能在阶段考试的时事问题方面，给身为初中生的姐姐一些建议。虽然我也担心儿子会不会有盲目轻信网络信息的倾向，但我还是认为，手机的确是能够让孩子在自己感兴趣的领域慢慢深入挖掘的好工具。

佐佐木美穗女士
孩子/小学六年级男生

案例③ 即使尽情玩游戏和看视频，也能提高成绩，手机似乎并没带来什么问题

儿子解除过滤模式之后就尽情地玩游戏、看视频。我知道之后只是告诉他，如果下次例行考试的成绩下降，就没收手机，然后就随他玩了。考试结束之后，我本打算调侃他一句"果然吧"，然后就没收他的手机，却没想到恰恰相反，他的偏差值⊖和名次都提高了。细细想来，儿子一直都认真完成学校布置的课后作业，也没有出现欺凌或者纠纷的情况，亲子关系也没有出现什么问题。我这才发现儿子有了手机之后并没有任何坏事发生。

清水阳子女士

孩子 / 初中二年级男生

⊖ 日本衡量学生学习能力的重要标准。一般来说，也是学校录取学生的唯一标准。偏差值计算公式：[(个人成绩－平均成绩)÷标准差]×10＋50＝偏差值。——译者注

案例④ 在兴趣的世界里自由深入地遨游，不去补习班，成绩也是最好的

女儿在视频网站开设了自己的频道。她会在上面发布一些自娱自乐的软泥制作视频和商品测评等。为了做出具有魅力的软泥设计和视频文案来吸引更多的人观看，女儿很自然地就开始学习如何做企划和编辑。她不是很喜欢去学校，也不去补习班，但是成绩却不错。或许是因为她在家时可以有时间埋头做自己喜欢的事情，所以即使讨厌学校，她还是风雨无阻地坚持上学、努力学习吧。

小野明美女士
孩子/小学五年级女生

> 总结

需要花3小时的学习任务，用手机1小时就能搞定

据说，以前欧洲刚出现绘本的时候，家长们都觉得"要是看了这东西，孩子就记不住字了。脑子也会不好"。即使是现在被公认为在情感教育方面不可或缺的绘本，当初却被认为是不应该积极地给孩子们看的东西。

这和现在父母对手机抱有危机意识的情况何其相似。孩子有了手机就不学习了、游戏会给大脑带来不好的影响、生活节奏会被打乱、孩子因为网络欺凌不再上学等。这些负面消息格外引人注目，也难怪父母会感到担忧。

不过，手机同样也是孩子拓宽视野、钻研知识，以及学习人际交往的工具。也有不少家长说，使用手机给孩子带来了好处。传统年代走过来的父母，意识并没有跟上时代。首先就让父母更新一下观念吧。

比如学习，如果我们遇到不懂的地方想要弄明白，该怎么办呢？在传统年代，我们通常会去参考书和字典里查找。但是光看我们家里存的书也有可能还是不明

白。为此，我们就需要去图书馆查，或者问学校老师。这样很费工夫。由于太麻烦，有人可能中途就放弃了。而如果在网上搜索，一下子就能知道结果，大幅缩短了学习时间。

在此之前需要学习 3 小时才终于理解的内容，现在只需要差不多 1 小时就能达到同样的水准了。剩下的 2 小时就能够进行更加深入、更加广泛的研究。即使是利用剩余时间玩游戏，成绩也并不会下降。

● 为了获得手机带来的好处，就不得不做这些事

尤其是进入高中后，利用手机缩短学习时间的威力逐渐发挥了出来。因为学习和查找的内容都上了难度，跟拿着参考书翻来找去相比，用手机查明显学习效率更高。我常去的咖啡店里，经常聚集了许多重点学校的学生，所有人都一只手拿着手机在做点什么。我本来以为都是在玩游戏，结果并不是。有的孩子在一边查资料，一边跟朋友讨论。有的孩子在利用手机的翻译功能把日文翻译成英文。看上去，多亏了高效学习，孩子们能够利用空余时间进行深度挖掘，从而学到更深层的知识。

当然，通过花时间认真探索，也能有所收获。传统年代有传统的好处。但数字时代也别有洞天。数字技术

其实并不逊色于传统技术。对于无法选择地出生在数字时代的孩子们来说,家长在教育他们的时候需要抱着这种观念。

不过从另一方面来说,想要比较克制地使用手机,连成年人都很难做到吧。放任不管还能不出问题的孩子真是少之又少。**大部分情况下,为了获得手机带来的好处,就必须在使用方式上设置一定的规则。**这本书提到的各种做法都是基于这一点。

为了让孩子既安全又舒心地使用手机,制定好规则、必要时重新评估和活用,遇到麻烦时冷静应对、寻找最有效的对策。我认为父母能做的,只不过就是做到以上几项基本准则罢了。

● 调查了世界上的双胞胎后终于明白了!父母说教的影响力基本为零

给大家介绍一份有趣的数据吧。行为遗传学中,有一种叫作双胞胎研究的方法。虽然双胞胎拥有相同的遗传基因,但是根据养育环境的不同会出现怎样的差异呢?这正是双胞胎研究的主要内容。攻击性、酒精依赖倾向、抑郁倾向、自尊感情等,研究的主题各种各样。这样的双胞胎研究,在全世界范围内集齐了2000多份,然后经过整合、分析，最终在大概5年前公布出来了一份数据报告。报告中作为研究对象的双胞胎有大约1400万组。其中还有持续将近50年的研究。

例如，在这些研究项目中，有一项关于"干劲"的研究。内容是，拥有相同遗传基因的双胞胎，如果各自成长环境不同的话，是否都能成长为有"干劲"的孩子。换句话说，这是对环境是否会产生影响的研究分析。

结果显示，孩子是否有干劲，有大约一半的原因取决于遗传基因。也就是说，孩子本性是什么样就是什么样。但换个角度来说，即使是遗传基因水平上没什么干劲的孩子，根据环境的情况也有50%的可能变得有干劲。这个主要原因就是外部环境。父母再怎么哇哇大喊，孩子也提不起干劲。而比如"不想输给朋友"，这类外界的刺激才会让孩子有干劲。在幼儿时期，孩子并不知道外面的世界，这时家庭环境是最重要的。然而一旦孩子开始上幼儿园和学校，外界对孩子的影响会越来越大。父母的影响基本就消失了。

不过有一点要注意的是，如果父母虐待孩子，或对孩子做了与虐待同等程度的负面行为，家庭的影响力将跃进式飙升。也就是说，只要不做出让孩子留下心理阴影的虐待行为，父母就不会有太大的影响力。

● **想让孩子学习，那就给他们创造良好的心情**

既然并没有太大的影响力，那不管父母还是孩子最好都别焦虑了，快快活活地过日子吧。父母难道不是因为对手机的不安，从而导致目光被吸引，只会一个劲地看孩子不成熟的地方吗？

我虽然在补习班已经教了多年课，但每次上课之前我一定会指出某位孩子的优点。比如像这样说："你很会说话，可以在这方面发展发展哦。"接着，我才开始正式上课。因为刚刚的表扬，孩子们都心情不错，所以都能很认真专注地听我讲下去。甚至还遇到过有的家长震惊地告诉我："孩子竟然能主动学习了！"**在教育的世界里我遇到过太多的孩子了。从这些经验来看，我能说的是，人如果从克服缺点开始努力，是成长不了的。但如果指出优点并发展优点，那么他自己就会想要改正缺点。**

"虽然给你手机了，但尽量不要玩游戏，还是要好好学习。"如果父母用这样的态度对待孩子，孩子反而不愿听话。由此看来，父母最好还是制定好玩游戏的规则,然后让孩子在定好的框架下尽情享受吧。这样一来,父母就算不提学习,孩子也会去做的。这是因为孩子自己也知道,学习是必须要做的事情。明明都已经打算做了,就因为父母说了一句"学习吧",结果孩子就"逆反"了。

不过,有些家长也感受到了手机的其他优点,比如孩子通过视频学习到了游戏氪金的恐怖以及人际关系的复杂;因为经常自己发信息,所以人变得更加积极主动了;虽然有疫情,但因为能和朋友聊天,所以内心很安定等。现在的孩子总会在某个时刻,变得需要跟手机打交道。为了让孩子能够好好使用手机,父母不仅要关注手机消极的一面,也要着眼于积极的一面,努力做好孩子的后盾吧。

后　记

最后，我想聊一聊对于以后的孩子们来说非常重要的事情。

那就是"数字和传统的融合"。如今孩子们身处的世界主要是以"数字"为中心。特别是现在小学阶段以下的孩子们，从出生开始就看着大人使用手机长大。从这一点考虑，或许可以称他们为"网络原住民"。

我和现在的小学生对话时能感觉到的是，他们明显和30年前的小学生在感性方面是不同的。或许是因为如今的孩子面对的数字世界，和父母一代小时候面对的传统世界有差别吧。总之我的印象是，感性真的完全不同。

当然，这并没有好坏之分，仅仅是说不同罢了。不过，如果父母不了解这样的背景，就错认为孩子跟自己有同样的感性和价值观，那很可能会引发问题。

本来作为人，大家就都有自己的性格，价值观也不同。而父母一代和网络原住民的孩子一代，大约可以算是生活在两个不同次元世界里的人。

不过，有不同的地方，就一定也有不变的部分。**那就是，大家都是拥有"心"的人。想做开心的事，不想做无聊的事。而且，"人都会信赖认可自己的人"，这也是普遍真理。这里的"心"是没办法用"数字"的方式检测出来的，只能通过传统的方法感知到。**

在如今 AI 不断进化的社会，通过数字方式来处理的事情好像变得越来越多了。其中，很多人会想，自己能否过一个精彩幸福的人生？这其实都取决于你是否要实践一种重视内心的生活方式。为此，重视人与人之间的感情和情绪，这种生活态度变得越来越重要了。

本书面向对于孩子手机和游戏问题有烦恼的父母们所作，着眼于如何解决问题。重要的是，即使只是制定一项规则，也要尊重孩子的意见，努力通过对话和孩子进行心灵的交流。由此，亲子间传统的信赖关系将更加深刻。结果就是，孩子能做到自己思考、自己行动了。

阅读完本书，相信您已经了解到，手机和游戏的规则制定并不是父母独断专行就好。假设以独断的方式定下来，那么这样的规则只会延伸出一个冷漠无情、枯燥乏味的世界，孩子会很快违反规则。**"制定过程"才是规则制定本身的意义所在。**

今后，数字的进化也将会不断改变这个世界。而现在的孩子如果成为父母，等他们有了孩子，这世界会变成什么模样，我们都无法轻易想象。但不可否认的是，数字化的思想一定会继续进化发展吧。**像这样，越进化越接近"传统"，最终会变成一个越来越注重"心灵"的时代。**

请您一定要试试，通过手机和游戏展开亲子对话并且共享价值观。这样一来，我们肯定会迎接一个光明又充满期待的未来。

石田胜纪